westermann

Dr. Gudrun Jaeger

W0381926

Fit in Rechtschreibung und Zeichensetzung

5. Auflage

Bestellnummer 64310

Die in diesem Werk aufgeführten Internetadressen sind auf dem Stand zum Zeitpunkt der Drucklegung. Die ständige Aktualität der Adressen kann vonseiten des Verlages nicht gewährleistet werden. Darüber hinaus übernimmt der Verlag keine Verantwortung für die Inhalte dieser Seiten.

service@westermann.de
www.westermann.de

Bildungsverlag EINS GmbH
Ettore-Bugatti-Straße 6-14, 51149 Köln

ISBN 978-3-427-**64310**-4

westermann GRUPPE

Inhaltsverzeichnis

	Vorwort			4
	Die Regeln auf einen Blick			5
1	Groß- und Kleinschreibung	1.1	Das Substantiv und seine Begleiter	6
		1.2	Substantivierung	29
		1.3	(Ehemalige) Substantive in Wortverbindungen	42
		1.4	Groß- und Kleinschreibung mit einem Rechtschreibwerk	48
		1.5	Testaufgaben	56
2	Getrennt- und Zusammenschreibung	2.1	Fügungen ohne Bindestrich	63
		2.2	Fügungen mit Bindestrich	68
		2.3	Schreibung von Wochentagen und Tageszeiten	71
		2.4	Schreibung von Straßennamen	75
		2.5	Silbentrennung	78
3	Grammatik: Satzglieder			81
4	Zeichensetzung	4.1	Das Prinzip der Aufzählung	85
		4.2	Das Prinzip der Hervorhebung	89
		4.2.1	Apposition	89
		4.2.2	Datums-, Zeit- und Ortsangaben	93
		4.2.3	Nachgestellte Erläuterungen	94
		4.2.4	Anreden/Ausrufe	95
		4.3	Das Prinzip der Satzverbindung	97
		4.3.1	Hauptsatz-Verbindungen	97
		4.3.2	Hauptsatz-Nebensatz-Verbindungen	100
		4.3.3	Das Komma bei Schachtelsätzen	108
		4.4	Übungssätze und -texte	110
	Bildquellenverzeichnis			116

Vorwort

Liebe Leserin, lieber Leser,

will man zeitgemäß und gesellschaftlich akzeptiert schriftlich kommunizieren, kommt man nicht umhin, sich mit den Regeln zur deutschen Rechtschreibung und Zeichensetzung auseinanderzusetzen.

Die Neuauflage von „Fit in Rechtschreibung und Zeichensetzung“ will Sie bei diesem Bemühen unterstützen durch

- einen Überblick über die Regeln der Rechtschreibung,
- eine kurze und präzise Formulierung der Regeln,
- eine Fülle von Beispielsätzen und -texten,
- eine detaillierte Darstellung der aktuellen Änderungen sowie
- Symbole, die Hinweise auf den jeweiligen Aufgabentyp geben.

Textarbeit

abc **Übung zur Rechtschreibung**

„“ **Übung zur Zeichensetzung**

Mündlicher Arbeitsauftrag

Schriftlicher Arbeitsauftrag

Strukturierende farbliche Akzente helfen dabei, das Lesen und Lernen zu erleichtern.

So wird dieses Buch zu einem positiven Impuls für Jugendliche und Erwachsene auf unterschiedlichsten Lernniveaus.

Die Verfasserin

Die Regeln auf einen Blick

Groß- und Kleinschreibung:

Substantive schreibt man groß. Wörter aller Wortarten können zu Substantiven werden, wenn

- sie einen Substantiv-Begleiter (Artikel, Adjektiv etc.) haben,
- eine Person oder Sache bezeichnet wird.

Mehr dazu ab Seite 6.

Getrennt- und Zusammenschreibung:

Man schreibt nach Sinnzusammenhang. Dabei gilt die Betonungsregel:

Wird das erste Wort betont, schreibt man die Wörter zusammen (in **einem** Wort).
Wird das zweite Wort betont, schreibt man die Wörter getrennt (in **zwei** Wörtern).

Mehr dazu ab Seite 63.

Silbentrennung:

Man trennt sinnvoll nach Klang. Einzelbuchstaben werden jedoch nicht abgetrennt.

Mehr dazu ab Seite78.

Zeichensetzung:

Das Komma trennt neben den Gliedern einer Aufzählung (ab Seite 85) auch Hervorhebungen (Anrede, Ausruf, Datum, Apposition) vom übrigen Satz.

Mehr dazu ab Seite 89.

Das Komma trennt Sätze voneinander. Dies gilt für vollständige Hauptsätze immer. Für unvollständige Hauptsätze und Nebensätze gilt dies nur, wenn sie nicht durch eine Konjunktion (z. B. „und“ oder „oder“) an den vorangehenden Satz angeschlossen sind.

Mehr dazu ab Seite 97.

1 Groß- und Kleinschreibung

1.1 Das Substantiv und seine Begleiter

Eine Voraussetzung für die fehlerfreie Beherrschung der Groß- und Kleinschreibung ist, dass Sie sicher erkennen, welche Wörter Substantive sind.

STICHWORT: SUBSTANTIV/HAUPTWORT

Substantive werden großgeschrieben.

- Was sind Substantive? Oder: Woran kann man erkennen, dass ein Wort ein Substantiv ist?
- **An der Bedeutung des Wortes:**
  Aufgabe des Substantivs ist es, den gegenständlichen (Konkreta) und nicht gegenständlichen (Abstrakta) Erscheinungen einen Namen zu geben. Zu Substantiven gehören Wörter, die etwas bezeichnen, was man sehen, anfassen, fühlen, schmecken und riechen kann (Konkreta). Aber auch Wörter, die Gedanken, Handlungen, Vorgänge, Vorstellungen bezeichnen, sind Substantive (Abstrakta).
- **Am Wort selbst:**
  Denn Substantive (Abstrakta) haben die folgenden typischen Endungen:

-heit	-chen	-falt	-nis	-tor	-ling	-schaft
-keit	-mus	-lein	-sal	-tum	-ung	

- **An den Wörtern, die einem Substantiv vorausgehen, es begleiten:**
  - Substantiven ist ein Artikel zugeordnet; fehlt er, kann er ergänzt werden.
  - Substantive erkennt man mithilfe der Begleiter-Wortarten: Präposition, Artikel, Pronomen, Adjektiv, Numerale.
    Es können sich folgende Strukturen ergeben:

Präposition	Artikel/Pronomen	Numerale	Adjektiv	Substantiv
	der			Schreibtisch
	der		neue	Schreibtisch
	mein			Schreibtisch
	mein		neuer	Schreibtisch
auf	dem			Schreibtisch
auf	dem		neuen	Schreibtisch

Präposition	Artikel/Pronomen	Numerale	Adjektiv	Substantiv
auf	meinem			Schreibtisch
auf	meinem		neuen	Schreibtisch
auf	den	beiden	neuen	Schreibtischen
		zwei		Schreibtische
		zwei	neue	Schreibtische
auf			neuen	Schreibtischen

1 Substantive sind zum Teil an ihren typischen Endungen zu erkennen. Welche der folgenden Wörter sind Substantive und werden großgeschrieben? Bei einigen Wörtern wird über die Schreibweise erst im Sinnzusammenhang entschieden. Um welche Wörter handelt es sich?

a

ehr *lich*
ehr *bar*
ehr *lich keit*
ehr *en*
ver **ehr** *en*
be **ehr** *en*
ver **ehr** *ung*
ge **ehr** *t*
ehr *los*
ver **ehr** *ter*
ehr *würdig*
ent **ehr** *en d*
ehr *en haft*
ehr *en voll*
ehr *e*

b

eig *en*
eig *en brötler*
eig *en brötler isch*
eig *en tlich*
eig *en heit*
er **eig** *nis*
an **eig** *nen*
er **eig** *nen*
an **eig** *nung*
eig *en tor*
eig *nung*
eig *en tum*
eig *en sinn*
eig *en art*
eig *ner*

c

heim
heim *lich*
ge **heim** *nis*
ge **heim** *nis krämer*
ge **heim** *nis voll*
ge **heim** *agent*
heim *lich keit*
heim *chen*
heim *chen haft*
ver **heim** *lich en*
ver **heim** *lich ung*
heim *spiel*
heim *at verein*
heim *at los*
heim *kehr*
ver **heim** *licht*

2 Bilden Sie aus folgenden Wortstämmen so viele Substantive wie möglich.

les ____________________

lös ____________________

lieb ____________________

heil ____________________

stell ____________________

haus ____________________

reich ____________________

gast ____________________

alt ____________________

kunst ______________________________

brauch ______________________________

fahr ______________________________

3 Erklären Sie im nachfolgenden Gedicht die Schreibweise der Wörter, die den Begriff „deutsch" beinhalten.

Grammatische Deutschheit

„Neulich deutschten auf Deutsch vier deutsche Deutschlinge deutschend,
Sich überdeutschend am Deutsch, welcher der Deutscheste sei.
Vier deutschnamig benannt: Deutsch, Deutschering, Deutscherling, Deutschdich,
Selbst so hatten zu Deutsch sie sich die Namen gedeutscht.
Jetzt wettdeutschten sie, deutschend in grammatikalischer Deutschheit,
Deutscheren Komparativ, deutschesten Superlativ.
„Ich bin deutscher als deutsch." „Ich deutscherer." „Deutschester bin ich."
„Ich bin der Deutschereste oder der Deutschestere."
Drauf durch Komparativ und Superlativ fortdeutschend,
deutschten sie auf bis zum – Deutschesterestersten.
Bis sie vor komparativisch und superlativischer Deutschung
den Positiv von Deutsch hatten vergessen zuletzt."

Friedrich Rückert (16.05.1788 – 31.01.1866), Grammatische Deutschheit, aus: Conrady, Karl Otto (Hrsg.): Das große deutsche Gedichtbuch, 5. Aufl., Zürich/Düsseldorf: Artemis & Winkler 1997

BEISPIELE: „deutschten" – Verb = klein
„auf Deutsch" – Substantiv = groß

STICHWORT: ARTIKEL/GESCHLECHTSWORT

Das wichtigste grammatische Erkennungsmerkmal des Substantivs ist der Artikel. Er unterscheidet Substantive nach Geschlecht (Genus), Zahl (Numerus) und Fall (Kasus). Der Artikel zeigt an, wie ein Substantiv gebeugt (dekliniert) werden muss.

Der Artikel bezieht sich immer auf eine Person, eine Sache oder einen Sachverhalt.

Bestimmter Artikel				
	Singular			Plural
	männlich	**weiblich**	**sächlich**	
1. Fall Nominativ (wer)	**der** Mann	**die** Frau	**das** Kind	**die** Menschen
2. Fall Genitiv (wessen)	**des** Mannes	**der** Frau	**des** Kindes	**der** Menschen
3. Fall Dativ (wem)	**dem** Mann(e)	**der** Frau	**dem** Kind(e)	**den** Menschen
4. Fall Akkusativ (den)	**den** Mann	**die** Frau	**das** Kind	**die** Menschen

Unbestimmter Artikel				
	männlich	**weiblich**	**sächlich**	
1. Fall Nominativ (wer)	**ein** Mann	**eine** Frau	**ein** Kind	
2. Fall Genitiv (wessen)	**eines** Mannes	**einer** Frau	**eines** Kindes	
3. Fall Dativ (wem)	**einem** Mann(e)	**einer** Frau	**einem** Kind(e)	
4. Fall Akkusativ (wen)	**einen** Mann	**eine** Frau	**ein** Kind	

4 **Zu jedem Substantiv gehört ein Artikel. Steht ein Substantiv ohne Artikel, kann er sinnvoll eingefügt werden. Prüfen Sie diese Behauptung anhand des folgenden Textes.**

a **Unterstreichen Sie das Substantiv mit seinem Artikel.**

b **Schreiben Sie diejenigen Substantive heraus, bei denen der Artikel fehlt, und ergänzen Sie ihn.**

Die Zentrale

„Die Zentrale weiß alles besser. Die Zentrale hat die Übersicht, den Glauben an die Übersicht und eine Kartothek. In der Zentrale sind die Männer mit unendlichem Stunk untereinander beschäftigt, aber sie klopfen dir auf die Schulter und sagen: „Lieber Freund. Sie können das von Ihrem Einzelposten nicht so beurteilen!
Wir in der Zentrale ..."

Die Zentrale hat zunächst eine Hauptsorge: Zentrale zu bleiben. Gnade Gott dem untergeordneten Organ, das wagte, etwas selbstständig zu tun! Ob es vernünftig war oder nicht, ob es nötig war oder nicht, ob es da gebrannt hat oder nicht –: Erst muss die Zentrale gefragt werden. Wofür wäre sie denn sonst Zentrale! Dafür, dass sie Zentrale ist! Merken Sie sich das. Mögen die draußen sehen, wie sie fertig werden! In der Zentrale sitzen nicht die Klugen, sondern die Schlauen. Wer nämlich seine kleine Arbeit macht, der mag klug sein – schlau ist er nicht. Denn wäre er's, er würde sich darum drücken, und hier gibt es nur ein Mittel: Das ist der Reformvorschlag. Der Reformvorschlag führt zur Bildung einer neuen Abteilung, die – selbstverständlich – der Zentrale unterstellt, angegliedert, beigegeben wird [...]. Einer hackt Holz, und dreiunddreißig stehen herum – die bilden die Zentrale.

Die Zentrale ist eine Einrichtung, die dazu dient, Ansätze von Energie und Tatkraft der Unterstellten zu deppen. Der Zentrale fällt nichts ein, und die anderen müssen es ausführen. Die Zentrale ist eine Kleinigkeit unfehlbarer als der Papst, sieht aber lange nicht so gut aus. Der Mann der Praxis hat's demgemäß nicht leicht. Er schimpft furchtbar auf die Zentrale, zerreißt alle ihre Ukase in kleine Stücke und wischt sich damit die Augen aus. Dies getan, heiratet er die Tochter eines Obermimen, avanciert und rückt in die Zentrale auf, denn es ist ein Avancement, in die Kartothek zu kommen. Dortselbst angelangt, räuspert er sich, rückt an der Krawatte, zieht die Manschetten grade und beginnt, zu regieren: als durchaus gotteingesetzte Zentrale, voll tiefer Verachtung für die einfachen Männer der Praxis, tief im unendlichen Stunk mit den Zentralkollegen – so sitzt er da wie die Spinne im Netz, das die andern gebaut haben, verhindert gescheite Arbeit, gebietet unvernünftige und weiß alles besser.

(Diese Diagnose gilt für Kleinkinderbewahranstalten, Außenministerien, Zeitungen, Krankenkassen, Forstverwaltungen und Banksekretariate und ist selbstverständlich eine scherzhafte Übertreibung, die für einen Betrieb nicht zutrifft: für deinen.)"

Tucholsky, Kurt: Ausgewählte Werke, Reinbek bei Hamburg: Rowohlt Taschenbuch 1965, S. 98 f.

5 In der Werbung werden manchmal die Rechtschreibregeln bewusst missachtet. Schreiben Sie diesen Anzeigentext mit dudengerechter Groß- und Kleinschreibung ab. Welche Wörter müssen großgeschrieben werden? Begründen Sie Ihre Entscheidung.

HUNGRIG NACH FREIHEIT?

RAUS, RAUS, RAUS AM BESTEN DIE BÜROTÜRE VON AUSSEN ABSCHLIESSEN. STRAND, MEER UND HEISSE SONNE WARTEN IRGENWO IM SÜDEN. UNTER PALMEN IN EINSAMEN BUCHTEN LÄSST SICH DIE FREIHEIT GENIESSEN.

BUCHEN SIE NOCH HEUTE, DAMIT IHNEN DIE BESTEN PLÄTZE SICHER SIND. DIE FACHLEUTE IHRES REISEBÜROS „HAUPTSACHE WEG“ BERATEN SIE GERNE UND VERHELFEN IHNEN ZU EINEM STÜCK INDIVIDUELLER FREIHEIT.

6 Unterstreichen Sie die Pronomina.
Schreiben Sie die Pronomina, die als Begleiter auftreten, mit ihren Substantiven tabellarisch heraus.

WETTBEWERB

EINZUG INS FINALE

Die interessantesten Neuerscheinungen des Autojahres treten in der Endrunde um den Preis „Car of the Year 2018" an

Von Frank Janßen

Zwischen sieben Kandidaten entscheidet sich, wer den Wettbewerb um den begehrten Titel „Car of the Year 2018" gewinnt: Alfa Romeo Stelvio, Audi A8, BMW 5er, Citroën C3 Aircross, Kia Stinger, Seat Ibiza und Volvo XC40. Sie wurden von einer internationalen Jury, der auch der stern angehört, für die Endausscheidung ausgewählt. Bei der Preisverleihung am 5. März zum Auftakt des Genfer Autosalons wird es aus dieser Runde nur einen Sieger geben; keinen Zweiten, keine Trostpreise. Die Kür auf der wichtigsten jährlichen Automesse in Europa ist kein Schaulaufen der CEOs und Chefentwickler. Im Zentrum stehen nicht die Macher, sondern die Verbraucher, die ein neues Auto kaufen wollen. Ihnen soll der Wettbewerb – und insbesondere die Transparenz der Bewertung – bei ihrer Entscheidung helfen. Eines der wichtigsten Kriterien ist das Preis-Leistungs-Verhältnis, das ein Fahrzeug bietet. Aber auch das Design, technische Innovationen, die Sicherheit und die Bedienung spielen eine Rolle.

Car of the Year

Gegründet 1964, unter anderem vom stern, ist er der älteste und renommierteste Autopreis der Welt. Getragen wird er von sieben europäischen Magazinen: Neben dem stern sind dies „Auto" (Italien), „Autocar" (Großbritannien), „Autopista" (Spanien), „Autovisie" (Niederlande), „L'Automobile Magazine" (Frankreich) und „Vi Bilägare" (Schweden). 60 Journalisten aus 23 europäischen Ländern gehören der Jury an. Wie die Juroren ihre Punkte vergeben und ihre Entscheidungen begründet haben, wird unmittelbar nach der Wahl auf www.car-oftheyear.org veröffentlicht.

Janßen, Frank: Einzug ins Finale, in: Stern, Nr. 49, 30.11.2017, S. 111.

STICHWORT: PRONOMEN/FÜRWORT

Das Pronomen – Personalpronomen und Possessivpronomen – in der höflichen Anrede (3. Person Singular und Plural) wird großgeschrieben. In der 2. Person Singular und Plural schreibt man die Pronomen klein.

Aber: In Briefen kann man auch großschreiben.

Beispiele: Ich spreche mit **Ihnen**.
Vergessen **Sie Ihre** Verabredung nicht.
aber: Ich schreibe **dir/Dir**. Ich maile euch/Euch.

Pronomen, die als Begleiter von Substantiven auftreten können:		
Beispiel	**Aufgabe**	**Bezeichnung**
sein Buch	Es gibt Besitzverhältnisse an.	Possessivpronomen (besitzanzeigendes Fürwort)
dieses Buch	Es weist auf etwas Bestimmtes hin.	Demonstrativpronomen (hinweisendes Fürwort)
jedes Buch	Es macht vage Angaben.	Indefinitpronomen (unbestimmtes Fürwort)
welches Buch	Es fragt nach.	Interrogativpronomen (fragendes Fürwort)

Pronomen, die nicht als Begleiter von Substantiven stehen können:		
Beispiel	**Aufgabe**	**Bezeichnung**
Das Buch, **das** er liest, ist spannend.	Es stellt Beziehungen her.	Relativpronomen (bezügliches Fürwort)
Er vergisst **sich**.	Es bezieht ein Verb auf das Subjekt des Satzes.	Reflexivpronomen (rückbezügliches Fürwort)
Er liest **es**.	Es ersetzt ein Substantiv.	Personalpronomen (persönliches Fürwort)

7 Groß oder klein? Vergleichen Sie die Rechtschreibung der Pronomen in zwei Gesprächen.

„Tu das", sagte Gudrun und wandte sich ihrem Plattenspieler zu. Marion verließ das Zimmer. Unten traf sie Frau Aichlin.

„Ah, Marion. Das ist nett, dass Sie wieder einmal hereinschauen."

„Grüß Gott, Frau Aichlin. Wie geht es Ihnen? Ich habe schon gesehen, Sie haben Besuch."

„Ja, Marion. Mein Sohn ist nach langer Zeit wieder zu mir gekommen. Wollen Sie ihm ‚Guten Tag' sagen?"

„Ich will ihn jetzt nicht belästigen. Er hat ja noch Schonung notwendig, wie ich anneh-me."

„Das hat er schon. Aber Sie belästigen ihn doch nicht. Besonders, wenn das zutrifft, was ich da gehört habe: Sie seien sozusagen mit Peter verlobt? So heimlich?"

Das kam für Marion natürlich überraschend. Sie wusste darauf nicht sofort etwas zu sagen. Aber bald fing sie sich und stellte die Gegenfrage: „Wer hat denn das gesagt, Frau Aichlin?"

Die aber hob nur den Zeigefinger in die Höhe und erwiderte: „Na, na, na."

Wieder auf der Treppe, unterwegs zu Gudrun, ging es Marion durch den Kopf: ‚Mein Gott, Gudrun hat recht. Die alte Dame bringt doch recht merkwürdige Gedanken zur Sprache.' Gudrun lag auf dem Bauch auf der Couch und wippte mit dem rechten Fuß im Takt zu der Musik, die aus dem Lautsprecher donnerte. In der Hand hatte sie wieder eine neue Zigarette. Die schlecht ausgedrückte alte qualmte noch im Aschenbecher. Sie stellte keine Fragen. Erst nach einer Weile meinte sie: „Ist dir das zu laut, weil du nichts sagst?"

„Leise ist es gerade nicht. Aber es ist doch deine Sache, Musik zu hören, wie es dir gefällt."

Gudrun wälzte sich von ihrem Lager, robbte zum Musikschrank und drehte zuerst die Musik leiser. Aber kurz darauf fiel es ihr ein, den Apparat ganz auszuschalten. Immer noch fragte sie nichts. Aber sie fixierte Marion so streng, als heiße das nichts anderes, als ‚Na, so red schon'. Marion rückte schließlich heraus: „Weißt du, was deine Mama zu mir sagte? Sie meinte, ich sei mit Peter heimlich verlobt."

Gudrun antwortete: „Da schau an. Wieder was Neues. Na ja. Warum nicht?"

Aber Marion setzte sich zur Wehr:

„Aber, Gudrun, du weißt doch, dass das nicht stimmt."

„Weiß ich das? Da steht nur Behauptung gegen Behauptung. Eine von beiden wird richtig sein."

„Aber, Gudrun", Marion flehte fast, „ich bin doch nicht Peters Braut!"

„Na ja, du musst es ja wissen. Dann war also falsch, was Mama gesagt hat. – Glaubst du's jetzt?" „Aber, das ist ja schrecklich, Gudrun."

„Schrecklich oder nicht. Auf jeden Fall weißt du's jetzt. Und auf jeden Fall machst du, was ich sage: Du lässt sie in dem Glauben, dass das dort unten mein Bruder ist, und du gibst ihr auch sonst recht, wenn sie dummes Zeug redet. Aber merk dir alles, was sie dir so erzählt. Klar?" Marion sollte zum Mittagessen bleiben. Aber sie lehnte ab und hatte es auf einmal eilig, aus dem hübschen Haus hinauszukommen, das ihr immer so gefallen hatte."

Linden, Gert: Liebe am Ätna, Frankfurt: Graberg & Görg 1983

8 Schreiben Sie die Texte nach den Regeln der Rechtschreibung noch mal auf.

DU WILLST WAS LERNEN DANN MAL HER
AM BESTEN GLEICH ZUR FEUERWEHR
WIR SIND ZUR STELLE WENN ES BRENNT
AUCH WENN MAL JEMAND EINGEKLEMMT
AN TAG UND NACHT SIND WIR BEREIT
UND WIR VERGEUDEN KEINE ZEIT
WIR SIND EIN TEAM UND DAS IST WICHTIG
DENN NUR GEMEINSAM HILFT MAN RICHTIG
WIR HALTEN IMMER FEST ZUSAMMEN
MIT ALLEN FRAUEN UND ALLEN MANNEN
OB FLUT OB WASSER ODER FEUER
FÜR UNS IST KEIN EINSATZ ZU TEUER
AUCH BEI GEFAHR UND AUCH BEI BEBEN
WIR WERDEN IMMER ALLES GEBEN
WENN DU JETZT GLAUBST DAS IST FÜR MICH
DANN WARTEN WIR JETZT GERN AUF DICH

9 Übertragen Sie die in Großbuchstaben geschriebenen Pronomen in die Normalschrift. Unterstreichen Sie die Pronomen, die nur in der Anrede gebraucht werden.

MUSTERSTADT
DER STADTDIREKTOR

An alle
Musterstädter Haushalte

Stadtsteueramt

22.21-150

4 70-23 40 im Okt. 20..

Hundesteuer

Liebe Musterstädter Mitbürger!

Besitzen SIE einen Hund oder befindet SICH in IHREM Haushalt ein solcher Vierbeiner? Haben SIE IHN, falls ER hier in Musterstadt gehalten wird, beim Steueramt gemeldet und zahlen SIE auch Hundesteuer?

Nach außen hin zeigen Frauchen oder Herrchen durch die von IHREN vierbeinigen Freunden getragene achteckige schwarz-grüne Steuermarke UNSERER Stadt, dass SIE IHRER Steuerpflicht nachkommen. Sie können damit auch den mitunter unangenehmen Nachfragen des Steueraußendienstes oder der Polizei entgehen.

Hundehalter, die bisher versäumt haben, IHREN Hund steuerlich anzumelden, sollten DIES möglichst umgehend nachholen. Die Nichtanmeldung ist eine Ordnungswidrigkeit und kann ein empfindliches Bußgeld zur Folge haben. Wer eine bislang unterlassene Anmeldung bis zum 1. Dezember 20.. nachholt, braucht noch kein Bußgeld zu befürchten.

Um IHNEN die Anmeldung eines Hundes schnell zu ermöglichen, haben WIR auf der Rückseite DIESES Informationsschreibens ein Anmeldeformular abgedruckt, das SIE UNS im gegebenen Falle ausgefüllt übersenden können.

Sie haben aber auch die Möglichkeit, persönlich IHREN Vierbeiner im Stadtsteueramt, Musterstadtstraße 2, 3. Obergeschoss, Zimmer 1304 (Sprechzeit: Montag bis Freitag 09:00 bis 13:00 Uhr, ausgenommen Mittwoch) bzw. fernmündlich unter der Durchwahl-Nr. 470-2340 anzumelden.

Mit freundlichen Grüßen

IHR Stadtsteueramt

STICHWORT: DAS/DASS

„das" und „dass" stehen für zwei unterschiedliche Wortarten. Das „s" kennzeichnet Artikel und Pronomen, das „ss" die Konjunktion. Für die richtige Rechtschreibung ist es also wichtig, zu erkennen, in welcher Wortart das betreffende Wort gebraucht ist.

Man verwendet „das" mit einem „s", wenn es sich auf eine Person oder Sache bezieht und durch „dieses" oder „welches" ersetzt werden kann.

das	dass
Artikel **Das** Angebot ist günstig.	
Demonstrativpronomen **Das** ist aber ein günstiges Angebot.	
Relativpronomen **„das"** bezieht sich auf ein vorangestelltes Substantiv und leitet einen Nebensatz ein: Das Angebot, **das** gestern eintraf, ist günstig.	**Konjunktion** **„dass"** bezieht sich auf einen verbalen Ausdruck und steht häufig nach Verben des Sagens und Meinens. **„dass"** leitet einen Nebensatz ein: Er sagte, **dass** das Angebot günstig sei.

abc ✓ **10 „dass" oder „das"? Tragen Sie die richtigen Lösungen ein.**

a *Ich hoffe, ________ ________ ________ letzte Mal ist.*

b *Er behauptet, ________ ________ Grundstück, ________ die Stadt verkauft, zu teuer sei.*

c *________ hat Ihnen, ________ glaube ich sicher, keine Probleme bereitet.*

d *________ Problem ist, ________ ________ Problem zu spät erkannt worden ist.*

e *Er hofft, ________ ________ Konzept der Verwaltung realisiert werden kann.*

f *Die Agentur teilte mit, ________ der Künstler sein Werk, ________ zum ersten Mal in Rom gezeigt wurde, nun auch in Köln vorstellen wolle.*

g *Besonders lobenswert ist die gute Qualität; ________ gilt für alle Teile.*

h *________ auch Lärm ein Umweltproblem ist, sollte jeder bedenken.*

abc ✓ **11 Setzen Sie in die Auslassungen „das" oder „dass" und ergänzen Sie in die Klammern die Wortart, und zwar: Artikel (A), Demonstrativpronomen (D), Relativpronomen (R) oder Konjunktion (K):**

a *________ ( ) Theater war so überfüllt, ________ ( ) kein Sitzplatz mehr frei war.*

b *Durch ein Versehen unseres Lagerverwalters, ________ ( ) wir sehr bedauern, ist Ihnen ________ ( ) schadhafte Stück wieder zugestellt worden.*

c *Endlich kommt ________ ( ) Paket, auf ________ ( ) wir so lange gewartet haben.*

d *________ ( ) mir ________ ( ) ja nicht wieder vorkommt!*

e *Es ist durchaus möglich, ________ ( ) ________ ( ) immer noch steigende Hochwasser bis in ________ ( ) Zentrum vordringt.*

f *Der Großhändler teilte uns mit, ________ ( ) ________ ( ) Eisen heute so abgeschickt wird, ________ ( ) es spätestens übermorgen früh ankommt.*

g *Man gab mir ein Stück Brot, ohne ________ ( ) ich darum gebeten hatte.*

h *________ ( ) wir Karola zum Abschlussball einladen müssen, ________ ( ) ist doch ganz klar.*

i *Ich muss Ihnen berichten, ________ ( ) ________ ( ) Unternehmen, über ________ ( ) Sie eine Auskunft wünschen, ________ ( ) vereinbarte Ziel schon oft überschritten hat.*

j *________ ( ) ist kein vorteilhaftes Geschäft, ________ ( ) du abgeschlossen hast.*

k *Tim schreibt, ________ ( ) Messer dieser Art nicht mehr hergestellt werden.*

l ________ ( ) Kleid, ________ ( ) Svenja gestern trug, steht ihr ausgezeichnet.

m Man muss damit rechnen, ________ ( ) ________ ( ) Ernteergebnis, ________ ( ) bisher sehr günstig beurteilt wurde, nun hinter den Schätzungen zurückbleibt.

n Ich glaube nicht, ________ ( ) ________ ( ), was du sagst, richtig ist.

o ________ ( ) ist ________ ( ) fast neue Haus, ________ ( ) wir kaufen wollen.

p Ich glaube, ________ ( ) ________ ( ) Geld, ________ ( ) du ihm gabst, auch ihm gehört.

q Ich bin überzeugt, ________ ( ) ________ ( ), was du sagst, glaubhaft ist, so ________ ( ) ich dir ________ ( ) Medikament gebe, ohne ________ ( ) du nicht genesen kannst.

r ________ ( ) du wirklich schon abreisen willst, ________ ( ) kann ich einfach nicht verstehen.

s Bitte verlassen Sie sich darauf, ________ ( ) ich ________ ( ) wieder bereinige.

Adjektiv als Begleiter des Substantivs

Landwirt, 45/180, sportlicher, dynamischer Typ, sympath. und zuverlässig (in wirtschaftlich besten Verhältnissen), viele Interessengebiete, naturverbunden und tierlieb (Pferdeliebhaber), unkompliziert u. lebenstüchtig, wünscht sich eine Partnerin mit Humor, Lebenslust und menschlicher Wärme für eine gute gemeinsame Zukunft.

CHAUVI sucht TRAUMFRAU
(34 J./1,76, vorzeigbar, manchmal sarkastisch, oft gut gelaunt, meist partnerschaftlich, Ak. prom.). Bildzuschriften an ...

Welche Richtung
ist die Ihrige? Möglicherweise kommt eine gemeinsame Wegstrecke in Betracht. Bin auf der Suche nach männl., etwa gleichaltr. Pendant um 40 J.
Gewünschte Eigenschaften: geistig u. körperl. beweglich, offen, künstlerischen Bereichen zugeneigt.
Lebe in NRW, bin in akad. Beruf selbstst. tätig, schlank, 1,63, gesch., 2 schulpfl. Ki. Ihre Antwort bitte an ZL 6445.

Witwe, 55/169, noch jung und gut aussehend, charmant, warmherzig und lebensnah – nach glücklicher Ehe verwitwet –, wünscht sich intelligenten, liebenswerten Herrn für eine harmonische Partnerschaft.

SÜDDEUTSCHLAND
Sie, 31/1,66, schlank, ledig, intelligent, weit gereist, vielseitig interessiert, anpassungsfähig, möchte mit liebenswertem, niveauvollem Partner ihre Träume verwirklichen.

Beamtin, 43/159, zierliche, aparte Erscheinung, vor Temperament und Unternehmungsgeist sprühend, inzwischen wieder menschlich wie wirtschaftlich unabhängig, sucht passenden Partner, um das Leben gemeinsam neu zu entdecken.

Wetterfeste Frau fürs Leben,
mit der sich lieben und leben lässt; gefestigt, aber nicht erstarrt, empfindsam und klug, hübsch und schlank und Anfang 30; gesucht von weltoffenem „man for all seasons"; Dipl.-Ing., 39, 170, 70, der Partnerschaft – Ehe – Familie wünscht. Alles Weitere bei einem guten Glas Wein. Ihre Bildzuschrift mit Tel.-Nr. erreicht mich im Raum Ffm.

12 „Jung – sportlich – attraktiv“: Unterstreichen Sie/schreiben Sie die adjektivischen Begleiter mit ihren Substantiven heraus.

BEISPIEL: glückliche Ehe

STICHWORT: ADJEKTIV/EIGENSCHAFTSWORT

Sollen Substantive sehr genau beschrieben oder besonders hervorgehoben werden, dann tritt das Adjektiv als Begleiter auf. Es gibt folgende Möglichkeiten:

Das **neue** Buch liegt dort.	Wenn das Adjektiv beim Substantiv steht, wird es attributiv gebraucht.
Das Buch ist **neu.**	Wenn das Adjektiv mit einem Hilfsverb steht, wird es prädikativ gebraucht.

Nur das attributiv gebrauchte Adjektiv ist Begleiter des Substantivs:

Begleiter			Begleiter			Begleiter		
Artikel	Adjektiv	Substantiv	Artikel	Adjektiv	Substantiv	Artikel	Adjektiv	Substantiv
der	**teure**	Geschmack	die	**bewährte**	Medizin	das	**gute**	Angebot
ein	**teurer**	Geschmack	eine	**bewährte**	Medizin	ein	**gutes**	Angebot

Das begleitende Adjektiv ermittelt man mithilfe der Frage: Wie/Was für ein? Also: Was für ein Angebot? Ein **günstiges** Angebot.

13 Bilden Sie vier Satzpaare, in denen das Adjektiv einmal attributiv und einmal prädikativ verwendet wird.

a

b

c

d

Diese bunte Erscheinung ziert das Weihnachtsalbum von Sia.

Stille. Nacht.

Überraschung: In diesem Jahr schaffen es einige Musiker, Weihnachten einmal anders klingen zu lassen

Nur wenig Neues fiel dem Pop bislang zu Weihnachten ein. Kaum Konkurrenz also für eine erfahrene Vielschreiberin wie Sia, die ihr Geld meist mit Songs für Kolleginnen wie Britney Spears oder Rihanna verdient. Für eine neue Nummer braucht sie oft nur 15 Minuten, verriet die Australierin neulich in einem Interview.

Auch die zehn Weihnachtslieder auf ihrem Album „Everyday Is Christmas" klingen wie aus dem Ärmel geschüttelt: mal munterer Pop, mal Ballade. Da fällt das gelegentliche Klingeln der Schlittenglocken kaum auf. Und der erste Titel, „Santa's Coming for Us", würde sich auch unter Palmen bei Sonnenschein gut machen.

Bei Tarja Turunen ist es draußen schon dunkel. Die finnische Sopranistin war lange Zeit die Sängerin der symphonischen Metalband Nightwish, bis sie nach einem Streit ausstieg. Seither gibt sie mal Klassik, mal Metal zum Besten, steht sowohl beim Festival in Wacken auf der Bühne als auch in Opernhäusern. Auf den Bildern zu „From Spirits and Ghosts" zeigt sie sich als geheimnisvoller Engel in Schwarz und Weiß. Dazu sing sie – meist in Englisch, nur „O Tannenbaum" auf Deutsch – zwölf bekannte Weihnachtslieder: so streng, dass sich niemand trauten wird, vorzeitig die Geschenke auszupacken.

Voller Vorfreude, aber auch mit Respekt geht die Band Dude York die Weihnachtsferien an. Das Fest, das Essen: alles prima. Aber kommt da nicht auch manchmal etwas Langeweile auf? Und was dem wenig geliebten Onkel mitbringen, der einen doch im Vorjahr so üppig beschenkt hat? Mit „Long Distance Christmas" hilft das Trio aus Seattle durch die Weihnachtstage, die vor allem Party sein sollen. Mit Rock'n'Roll, mit Gitarren zwischen Surf und Punk. Fast alle ihrer neun Songs halten bis zum Frühling.

Alf Burchardt

Burchardt, Alf: Stille. Nacht., in: Stern, Heft 49, 31.11.2017

14 „Wenn es um die Präsentation von schönen Dingen geht, verwendet man oft Adjektive. Tragen Sie die Wortpaare „adjektivischer Begleiter und Substantiv" in die folgende Tabelle ein.

Beispiel:

Adjektiv als Begleiter	Substantiv
älteste	Baumaterialien

Numerale als Begleiter des Substantivs

Handball-EM

Kreis der Enttäuschten: Die deutschen Handballer nehmen sich nach der bitteren und knappen Niederlage gegen Dänemark gegenseitig in den Arm.

Titelverteidiger vor dem Aus

Deutsche Handball-Nationalmannschaft verliert gegen Dänemark mit 25 : 26 und ist nun auf Schützenhilfe angewiesen

VARAZDIN Am Ende nützte auch die spektakuläre Rettungstat von Rune Dahmke nichts mehr. Beim Stand von 23 : 25 eine Minute vor Spielschluss flog der Linksaußen der deutschen Handball-Nationalmannschaft, den Bundestrainer Christian Prokop erst am späten Freitagabend ins Aufgebot berufen hatte, quer durch den Torkreis und wehrte einen Wurf der Dänen auf das verwaiste eigene Tor ab. Doch trotz des „eingesprungenen Dahmkes" verlor die DHB-Auswahl gegen den Olympiasieger ihr zweites Hauptrundenspiel bei der EM in Kroatien mit 25 : 26 (9 : 8).

Damit sind die Chancen auf das Erreichen des Halbfinals vor dem abschließenden Hauptrundenspiel am Mittwoch (20.30 Uhr/live ZDF) gegen Spanien auf ein Minimum gesunken. Denn mit einem Sieg allein wäre es nicht getan. „Wir sind jetzt auf Schützenhilfe angewiesen", stellte Prokop resigniert fest.

Über 60 Minuten lieferten sich der (Noch-) Europameister und der Olympiasieger vor 3112 Zuschauern in Varazdin einen taktischen Fight, der von zwei starken Abwehrreihen und zwei Weltklasse-Torhütern geprägt wurde. Wie schon in den Spielen zuvor agierte die deutsche Mannschaft im Angriff verunsichert. Erst nach neun Minuten und fünf Sekunden erzielte Uwe Gensheimer das erste Tor, er traf per Gegenstoß zum 1 : 2. Bis dahin hatte der gegen Tschechien mit acht Toren überragende Steffen Fäth bereits drei Fehlwürfe auf dem Konto, Paul Drux einen, zudem scheiterte Gensheimer per Siebenmeter an Dänen-Keeper Niklas Landin.

Nach zehn Minuten reagierte Prokop und brachte mit Philipp Weber und Julius Kühn neue Kräfte im Rückraum. Das brachte bedingt neue Impulse. Doch die Offensive blieb zunächst die große Baustelle – selbst mit einem siebten Feldspieler konnte sich die DHB-Auswahl keine guten Wurfchancen erarbeiten. Ende der ersten Halbzeit kehrte Prokop nach zwei technischen Fehlern von der riskanten Taktik ab.

Immerhin war auf die Defensive erneut Verlass. Finn Lemke und Co. verdichteten den Wurfkreis zu einer fast undurchdringlichen Wand. Zudem stand Keeper Andreas Wolff seinem dänischen Kollegen vom THW Kiel in Nichts nach, zeigte eine ebenso starke Leistung wie Landin. In der 25. Minute brachte Steffen Weinhold die Deutschen beim 7 : 6 erstmals in Führung, bis zur Pause konnten sie den Vorsprung halten.

Nach dem Seitenwechsel erhöhte sich die Torquote, weil Dänen-Coach Nikolaj Jacobsen den Mut hatte, fast durchgängig einen siebten Feldspieler einzusetzen. Die Risikobereitschaft wurde belohnt: Beim 18 : 17 (49.) übernahmen die Dänen die Führung, fünf Minuten vor dem Abpfiff führten sie mit 24 : 21.

„Wir haben das nicht mehr so gut verteidigen können, die Beine wurden schwer", konstatierte Prokop. Trotzdem wäre den Deutschen fast noch der Ausgleich geglückt. Nachdem Dahmke 15 Sekunden vor Schluss den 25 : 26-Anschlusstreffer erzielt hatte, schenkten die Dänen den Ball noch einmal her. Die Schiedsrichter entschieden auf passives Spiel, der Pass von Dahmke auf den zum Wurf bereiten Kühn kam aber zu spät.

Joachim Hobke

Hobke, Joachim: Titelverteidiger vor dem Aus, in: Wedel-Schulauer-Tageblatt vom 22.01.2018, Beig-Verlag, S. 19.

15 Unterstreichen Sie die Numeralien in der Sportreportage.

STICHWORT: NUMERALE/ZAHLWORT

Wie Adjektive können auch Numeralien als Substantiv-Begleiter auftreten. Das Numerale übernimmt die Aufgabe, Substantive hinsichtlich ihrer Menge oder Zahl (Singular/Einzahl, Plural/Mehrzahl) zu beschreiben, und zwar genauer, als dies bereits mithilfe der Deklination ausgedrückt werden kann.

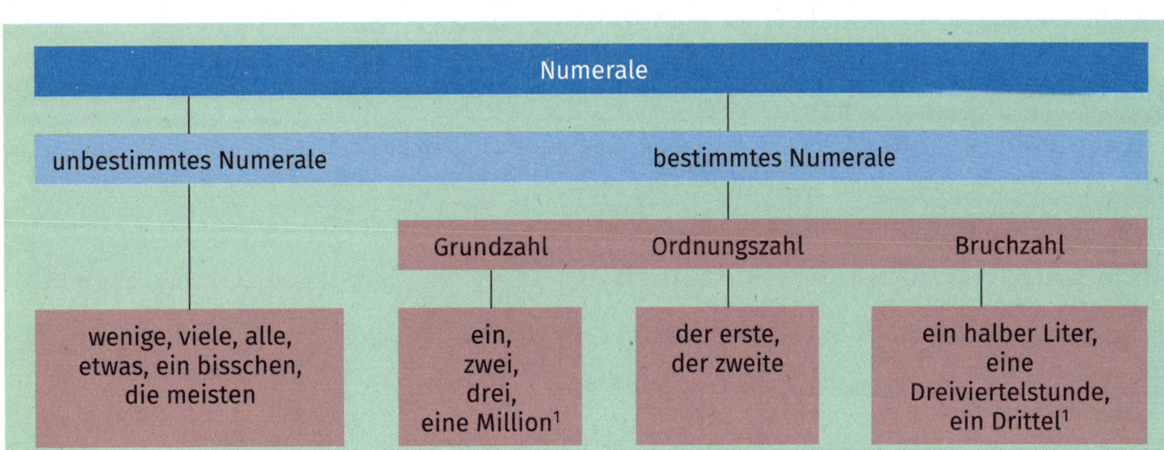

[1] Aus Numeralien hervorgegangene Substantive

16 Welche Numeralien treten als Begleiter von Substantiven auf? Tragen Sie die Numeralien mit ihren Substantiven in die Tabelle ein.

Helgoländer Eier

Vorbereitung: 20 Min.
Zubereitung: 40 Min.

Für die Soßen: 200 g Butter, 2 Eigelb, 2 EL Wasser, Salz, weißer Pfeffer, Cayennepfeffer, 1 TL Zitronensaft, 1 EL Tomatenmark (15 g), 60 g Butter, 8 Scheiben Toastbrot, 1/2 Bund Petersilie – 830 Kalorien/3474 Joule.

Helgoland hat schon manchem Gericht seinen Namen gegeben. Oft geht es dabei um die appetitliche Farbe von drei Soßen, die für die Farben der Insel – Grün, Rot, Weiß – stehen. So bereitet man die Eier zu:

Eier acht Minuten kochen, mit kaltem Wasser abschrecken. Schälen. In kaltem Wasser liegen lassen. Für die Soßen Butter in einem Topf zerlassen, abschäumen und abkühlen lassen. Eigelb in einem zweiten Topf mit Wasser verrühren. Im Wasserbad (Wasser sieden, nicht sprudelnd kochen lassen) schlagen, bis die Masse dick und schaumig wird, Topf aus dem Wasserbad nehmen. Flüssige Butter erst teelöffel-, dann esslöffelweise einrühren. Mit Salz, Pfeffer, einem Hauch Cayennepfeffer und Zitronensaft abschmecken.

Soße in drei Schüsselchen füllen. Ein Drittel mit Tomatenmark, ein Drittel mit gewaschener, trocken getupfter, gehackter Petersilie mischen. Das letzte Drittel bleibt, wie es ist. Butter in einer Pfanne leicht erhitzen. Toastbrotschreiben darin auf beiden Seiten hellbraun rösten.

Brot auf vier Teller verteilen. Darauf je zwei halbierte Eier mit der Schnittseite nach unten legen. Eihälften mit den drei Soßen überziehen. Petersilie waschen, mit Haushaltspapier trocken tupfen. Teller damit garnieren.

Begleiter				Substantiv
unbestimmtes Numerale	bestimmtes Numerale			
	Grundzahl	Ordnungszahl	Bruchzahl	
BEISPIEL: manchem				Gericht

Präposition als Begleiter des Substantivs

Willy Brandt (geb. 18. Dezember 1913 Lübeck, gest. 8. Oktober 1992)

„Ursprünglich: Herbert Ernst Karl Frahm, deutscher Politiker, SPD; emigrierte 1933 nach Norwegen, nahm den Namen Willy Brandt an, war als Journalist und in der norwegischen Widerstandsbewegung tätig; 1957–66 Regierender Bürgermeister von Berlin, 1964–87 Vorsitzender der SPD; 1966–69 Außenminister einer Großen Koalition mit der CDU; 1969–74 Bundeskanzler einer SPD-FDP-Koalition; gemeinsam mit Egon Bahr Wegbereiter einer neuen, letztlich erfolgreichen Ostpolitik „Wandel durch Annäherung“, erstrebte mit den sogenannten Ostverträgen eine Normalisierung des Verhältnisses zwischen der Bundesrepublik und dem Ostblock, einschließlich der DDR; wurde für seine Bemühungen um die Entspannungspolitik zwischen den Blöcken 1971 mit dem Friedensnobelpreis ausgezeichnet; 1974 Rücktritt als Bundeskanzler im Zusammenhang mit einer DDR-Spionageaffäre (Günter Guillaume), ab 1976 Vorsitzender der Sozialistischen Internationale, 1987 Rücktritt als Vorsitzender der SPD, 1990 Ehrenvorsitzender der DDR-SPD, bis zu seinem Tode Ehrenvorsitzender der gesamtdeutschen SPD […].“

Barth, Bern-Rainer; Links, Christoph; Müller-Engbergs, Helmut; Wielgohs, Jan: Wer war wer in der DDR. Ein biographisches Handbuch, Berlin: Ch. Links Verlag 1996

Seiner Frau gegenüber treu

„Brandt fordert Solidarität gegenüber Kommunisten“, diese Meldung verwirrt Anhänger und beglückt Feinde des Sozialismus-Präsidenten. Was aber hatte Brandt wirklich gefordert? Solidarität mit Kommunisten oder angesichts des Kommunismus? Das Letztere. Schuld an der Unklarheit war nur das Wort „gegenüber“. Wir sollten uns ihm gegenüber in Acht nehmen. „Gegenüber“ ist lautlos im Vormarsch und bietet uns überall seine scheinbar guten Dienste an. Wir greifen nach diesem Wort, weil es fast immer passt. Aber es ist deswegen auch missverständlich – und vor allem: Es ist so gemütlich wie ein Bürohaus und so ganz persönlich wie ein Formular.

Kaum ein anderes Wort zeigt deutlicher, wie menschliche Beziehungen aufgehoben werden: „Ich hatte ihr gegenüber immer viel Verständnis“ – man vermeidet das alte „für sie“, weil es zu intim klingen könnte. „Wir hatten damals gegenüber Herrn Munte vereinbart …“ – das gewohnte „mit Herrn Munte“ klänge zu vertraulich. Auch „vor“ wirkt zu persönlich, deswegen sagt man heute „Sie brauchen sich mir gegenüber nicht zu rechtfertigen“.

Obwohl man auch „zu“ jemandem stehen kann, fragt man jetzt neutral „Wie stehen Sie ihm gegenüber?“. Und schließlich ersetzt man „gegen“ schon deswegen durch „gegenüber“, weil es so hautnah treffen kann, und sagt: „Er war mir gegenüber immer sehr rücksichtsvoll.“ So stehen sich die Menschen nur noch gegenüber, schön getrennt.

„Gegenüber“ schleicht sich auch da ein, wo es kein anderes Wort verdrängen muss, und schafft Distanz. „Ich bin meinen Mitbürgern gegenüber verpflichtet …“, will sagen, ich stehe den anderen in Gedanken gegenüber, Abstand muss sein. „Er ist seiner Frau gegenüber treu“ – das sagt schon fast alles über die innere Entfernung zwischen den beiden.

„Er ist seiner Frau treu“, wie anheimelnd, vereint und vertraulich klingt das. Wenn sich solch ein Wort ausbreitet, so hat das immer viele Gründe. Drei von ihnen will ich noch andeuten.

1. Der Stil der Ämter und Juristen verlangt oft nach diesem Universalwort, weil kein anderes in die Konstruktion passt: „Wir hegen Ihnen gegenüber die Erwartung …“

2. Auch bei statistischen Vergleichen ist das Wort ziemlich naheliegend: „… hat gegenüber dem Vorjahr erheblich zugenommen.“ Vermeiden lässt es sich aber hier leicht.

3. Manche Menschen wollen das Wort „mit“ da umgehen, wo es einen feindlichen Sinn hätte (was ihnen nicht zum kooperativen „mit“ zu passen scheint), und sagen darum: „Er verfährt brutal seinen Kollegen gegenüber.“ Oder sie vermeiden ein „gegen“, wo es einen freundlichen Sinn hätte, und sagen: „Er war immer sehr freundlich gegenüber seinen Verwandten.“

„Er verfährt brutal seinen Kollegen gegenüber.“ Oder sie vermeiden ein „gegen“, wo es einen freundlichen Sinn hätte, und sagen: „Er war immer sehr freundlich gegenüber seinen Verwandten.“

Liebe Leser, sind Sie nun etwas ratlos meinen Erläuterungen gegenüber? Seien Sie sicher, dass ich Ihnen gegenüber gar keine Forderungen stelle. Wir müssen uns nur gegenüber Missverständlichkeiten schützen. Im Übrigen bejahe ich eine souveräne Unabhängigkeit gegenüber Regeln und billige Verstöße der Grammatik gegenüber gern. Aber hier brauchen wir klare Linien gegenüber einem Trend, der zu einem Verlust gegenüber früher führt. Deswegen sollten Sie sich nicht der kleinen Mühe gegenüber drücken, die Tipps zu überdenken, die ich hier mit aller Rücksicht gegenüber Ungeübten verbreitet habe. Oder meinen Sie, ich verführe Ihnen gegenüber zu hart? Bedenken Sie doch, wie sehr Sie das schöne Geld nutzen müssen, das Sie gegenüber Ihrem Buchhändler aufgewendet haben."

Hirsch, Eike Christian: Mehr Deutsch für Besserwisser, 4. Aufl., München: Deutscher Taschenbuch Verlag 1993

17 Präpositionen kennzeichnen das Verhältnis zweier Personen oder Dinge zueinander. Hirsch verwendet in seinem Text die Präposition „gegenüber" als Ersatz für andere. Um welche anderen Präpositionen handelt es sich dabei?

STICHWORT: PRÄPOSITION/VERHÄLTNISWORT

Präpositionen begleiten Substantive und bestimmen deren Fall.

Präpositionen	Fall des Substantivs und seiner Begleiter	
anstatt, aufgrund, hinsichtlich, infolge, kraft, trotz, wegen, während, zeit, zwecks	Genitiv	(2. Fall)
gegenüber, gemäß, mit, nach, von, zu, entgegen, außer, aus	Dativ	(3. Fall)
an, auf, in, hinter, neben, über, unter, vor, zwischen	Dativ Akkusativ	(wo?) (wohin?)
bis, durch, für, gegen, ohne, per, um	Akkusativ	(4. Fall)

Den Fall eines Substantivs erkennt man vor allem an seinem **ersten** Begleiter (starke Deklination). Sind die folgenden Begleiter gleichartig (Adjektiv + Numerale werden hier als gleichartig angesehen), so erhalten sie dieselben Endungen. Gehören sie einer anderen Wortart an, so werden sie schwach dekliniert, d. h. zumeist mit en-Endung.

Beispiele:

- Nach <u>dem</u> (↑ stark) <u>ersten</u> (↑ schwach) Versuch folgte der zweite.
- Nach <u>dem</u> (↑ stark) <u>ersten</u> <u>zögernden</u> (↖ schwach ↗) Versuch folgte der zweite.
- Nach <u>erstem</u> <u>zögerndem</u> (↖ stark ↗) Versuch folgte der zweite.

18 Unterstreichen Sie die Präpositionen und fügen Sie die richtigen Endungen ein.

a *Ich freue mich auf d________ Besuch zu mein________ Geburtstag.*

b *In dies________ Spiel kam die Bezirksklassenmannschaft infolge ihr________ Einsatzes zu ein________ Unentschieden.*

c *Er ging kraft sein________ Amtes gegen d________ Verkehrssünder vor.*

d *Ohne d________ Kündigung hätte er zeit sein________ Lebens in d________ Firma gearbeitet.*

e *Mit d________ Ausführungen des Auftrages wurde gemäß d________ Vereinbarungen begonnen.*

f *Wegen d________ viel________ Fehler musste der Sekretär die Briefe trotz sein________ groß________ Eile noch einmal schreiben.*

g *Hinsichtlich d________ Urlaubsgeldzuschüsse werden wir wegen d________ angespannt________ ökonomisch________ Situation noch mit erheblich________ Einsparungen rechnen müssen.*

19 Setzen Sie die richtigen Endungen ein.

a *Von schwer________ Schicksal geprägt, begann er, sich durch entschlossen________ Tun aus sein________ aussichtslosen Lage zu befreien.*

b *Darf ich mich um des lieben Friedens willen auf dei________ ausgefallen________, aber freundlich________ Vorschlag einlassen?*

c *Mit ein________ böse________, finstr________ Blick schwieg der Verhaftete, als er nach sein________ Namen gefragt wurde.*

d *Erst nach lang________, hartnäckig________ Leugnen gestand der Angeklagte seine Schuld ein.*

e *Trotz viel________ schwerwiegend________ Bedenken ließ man eine umfangreiche Volkszählung durchführen.*

f *Diese Vase ist aus kostbar________ venezianisch________ Glas; sie ist durch dein________ Leichtsinn in Scherben gegangen.*

g *Wird eine Ausgangsrechnung von ein________ neu________ Kunden nicht termingerecht bezahlt, so muss er gemahnt werden.*

h *Da es sich um ein________ neu________ Kunden handelt, holen wir bei unser________ Geschäftsfreund eine Auskunft ein.*

i *Die Bestellungsannahme wird durch d________ Ausfüllen einer vorgedruckt________ Bestätigung erledigt oder mithilfe eines persönlich________ Briefes.*

abc ✔ **20 Setzen Sie die richtigen Endungen ein.**

Diplomingenieur gesucht

Wir versorgen das gesamte Gebiet zwischen Weser und holländischer Grenze mit Strom und Energie. Zurzeit sind in unser________ Betrieb ca. 2000 Mitarbeiter beschäftigt, die den wachsenden Ansprüchen unserer Kunden nach Energieversorgung nachkommen. Wir suchen daher einen auf d________ Gebiet der Energiewirtschaft erfahren________ Diplomingenieur mit unternehmerisch________ Begabung als technischen Vorstand. Er soll mit zahlreich________ kaufmännisch________ Kollegen das Unternehmen voll verantwortlich führen. Hohe Führungsqualitäten und großes Organisationstalent sind neben wirtschaftlich________ Verständnis und ein________ offen________ Blick für technisch________ und energiepolitisch________ Entwicklungen Anforderungen, die wir an uns________ neu________ Vorstandsmitglied stellen. Wir bieten eine vielseitige, interessante und selbstständige Position mit entsprechend________ Gehalt und sozial________ Sicherheit.

Ihre Bewerbung mit beigefügt________ Lebenslauf und Lichtbild sowie mit vollständig________ Zeugnissen richten Sie bitte an unser________ Personalabteilung.

1.2 Substantivierung

Fast jedes Wort kann zu einem Substantiv werden. Dieses Prinzip heißt „Substantivierung".

STICHWORT: SUBSTANTIVIERUNG

Wenn Wörter anderer Wortarten zum Substantiv, d. h. substantiviert werden, schreibt man sie groß.

Beispiel: Der Wortstamm „reiz" als …

Substantiv	Verb	Adjektiv
Dieser Idee fehlt der **Reiz**.	Tiere soll man nicht **reizen**.	Das ist eine **reizvolle** Idee.
Wichtig beim Skat ist das **Reizen**.		
Das **Reizvolle** dieser Idee ist ihre Originalität.		

Substantivierung von Verben

21 Unterstreichen Sie die aus Verben hervorgegangenen Substantive in den Hinweisschildern.

STICHWORT: SUBSTANTIVIERUNG VON VERBEN

Verben schreibt man klein.

Dies gilt für Verben,

1. die sich mit ihrer Endung nach Person und Geschlecht des Subjekts richten und

   Beispiele: Ich **gehe** in die Schule.
   Du **gehst** in die Schule.
   Wir **gehen** in die Schule.

2. die eine konkrete Tätigkeit beschreiben.

   Beispiele: Du **betrittst** den Rasen. (jetzt)
   Wir **füttern** die Tiere. (jetzt)

Verben können substantiviert werden.

Dies gilt für Verben,

1. die im Infinitiv (Grundform) stehen,
2. denen ein Substantiv-Begleiter vorausgeht oder bei denen der Begleiter sinnvoll ergänzt werden kann und
3. die eine Tätigkeit im Allgemeinen ausdrücken.

   Beispiele: Das **Lesen** muss noch geübt werden.
   Das **Betreten** des Rasens ist verboten.
   Ihr **Entgegenkommen** ist außergewöhnlich nett.

22 Tragen Sie die substantivierten Verben (gegebenenfalls mit ihren Begleitern) in die Tabelle ein.

		Begleiter	***Verb als Substantiv***
a	*Das Lachen von Peter ist herzerfrischend.*	______	______
b	*Ein leidiges Übel ist das Schwarzfahren.*	______	______
c	*Wir danken Ihnen fürs Kommen.*	______	______
d	*Man sagt, dass Reden Silber und Schweigen Gold sei.*	______	______
e	*Es war ein Kampf auf Biegen und Brechen.*	______	______
f	*Während der Nacht störte mich lautes Rufen und Singen.*	______	______
g	*Zum Siegen gehört hartes Trainieren.*	______	______
h	*Beim Überqueren der Straße musst du achtgeben.*	______	______

abc ✔ **23 Groß oder klein? – Substantiv oder Verb? Schreiben Sie das Wort in richtiger Schreibweise in die Lücke.**

a *AUSTROCKNET – Dass dieser Klebstoff* austrocknet *, ist ausgeschlossen.*

b *RADFAHREN – Kannst du ________________?*

c *TURNEN – Am Nachmittag haben wir noch ________________.*

d *LERNEN – Nimm dir doch mehr Zeit zum ________________.*

e *GEHEN – Die anderen brauchen noch nicht zu ________________.*

f *WARTEN – Längeres ________________ macht im Allgemeinen ungeduldig.*

g *SCHIEBEN, DRÄNGELN – Manchmal ________________ und ________________ die Menschen.*

h *SCHWARZFAHREN – Leute, die ________________, müssen mit einem Bußgeld rechnen.*

i *REDEN – Schnelles ________________ zeugt von viel Temperament.*

abc ✔ **24 Substantiv oder Verb? – Schreiben Sie richtig in die Lücken.**

a *TEXTE KORRIGIEREN – Das ________________ erfordert große Konzentration.*

b *DURCHSEHEN, AUFGEFALLEN – Beim ________________ der Zeitschriften ist uns Ihre Anzeige ________________*

c *ENTGEGENKOMMEN, DANKEN – Für Ihr freundliches ________________ ________________ wir Ihnen im Voraus.*

d *STATTFINDEN – Die Konferenz wird erst am Abend ________________.*

e *EINTREFFEN, FESTSTELLEN MÜSSEN – Nach ________________ Ihres Schreibens haben wir die Angelegenheit sofort überprüft und leider einen Fehler ________________.*

f *VERSEHEN, ENTSCHULDIGEN – Wir bitten Sie, unser ________________ zu ________________.*

g *NACHDENKEN, LÖSEN – Durch intensives ________________ sind die Probleme zu ________________.*

h *WOHNEN – Schöner ________________ wollen viele.*

25 Schreiben Sie die Sätze neu und substantivieren Sie die unterstrichenen Verben. Der Nominalfall ist stilistisch in diesen Sätzen dann akzeptabel, wenn kein zusätzliches Vollverb ins Prädikat genommen wird.

a *Bevor das Abkommen unterzeichnet wird, gibt es noch viel zu tun.*

Vor dem Unterzeichnen des Abkommens gibt es noch viel zu tun.

b *Die Genehmigung ist befristet, bis die neue Produktionsanlage fertiggestellt ist.*

c *Es ist nicht seine Stärke, lange Briefe zu schreiben.*

d *Mit diesem Gerät kann man Flaschen und Büchsen öffnen.*

e *Es macht keinen Spaß aufzuräumen.*

f *Es ist ungewiss, ob er bleibt.*

g *In diesem Fall nützt es nichts zu argumentieren.*

h *Sie sollte aufpassen, während sie ein- und aussteigt.*

i *Die Ursache des Unglücks war, dass der Mensch versagt hat.*

j *Die starren Regeln aufzulockern ist notwendig.*

Substantivierung von Numeralien

STICHWORT: SUBSTANTIVIERUNG VON NUMERALIEN

Numeralien schreibt man klein.

Dies gilt

1. für **alle Numeralien**, die sich auf ein Substantiv beziehen,

   Beispiele: Es betraten **zwei** Männer den Raum, der **erste** lachte, aber der **zweite** schwieg.
   Er kaufte **ein viertel** Pfund Butter.
   Der Abstand beträgt nur **ein zehntel** Millimeter.

2. für die folgenden **unbestimmten Numeralien**:

ein bisschen (= ein wenig)
viel, mehr, am meisten, die meisten[1], das meiste[1]
(der, die, das) eine[1], die einen[1]
die beiden
mancher
ein paar (= einige)
wenig, das wenigste[1], die wenigsten[1]
(der, die, das) andere[1], die anderen[1]
ein jeder
alle

Numeralien können substantiviert werden.

Dies gilt

1. für alle Grundzahlen (Kardinalzahlen) ab einer Million,
2. für alle Grundzahlen als Bezeichnung von Ziffern,

   Beispiele: Sie würfelt eine **Sechs**. Die **Vier** gewinnt.
   Die **Dreizehn** ist eine Glückszahl.

3. für alle Ordnungszahlen (Ordinalzahlen),

   Beispiele: der **Erste** des Monats; jeder **Fünfte** lehnte das Projekt ab

4. für unbestimmte Numeralien.

   Beispiele: das **Übrige**, das **Ganze**, im **Einzelnen**, die **Einzige**, alles **Mögliche**

abc

26 Groß oder klein? – Schreiben Sie die Zahlen aus.[1]

a *Er wurde als (2.) ________________ geprüft.*

b *Wer eine (6) ________________ würfelt, darf (10) ________________ Felder vorrücken.*

c *Ihr Mann soll schon über (50) ________________ sein.*

d *Da schlägt es doch gleich (13) ________________. Es schlägt (8) ____________.*

e *Die (1.) ________________ Stunde beginnt um Punkt (8) ________________ und nicht gegen (8) ________________.*

f *Tiefstwerte bei (1.000) ________________ Meter minus (3) ____________ Grad.*

g *Der Erfolg unserer Werbung war gleich (0) ________________.*

---

1) Hier ist Groß- und Kleinschreibung möglich. Der Duden empfiehlt jedoch Kleinschreibung.

abc ✔

27 Schreiben Sie die Zahlen aus.

a Wenn ich (6) ________________ Richtige im Lotto habe, werde ich über eine (1.000.000) ________________ bekommen.

b In unserem kleinen Betrieb arbeiten wir zu (4) ________________.

c Es kommt sehr häufig zu Missverständnissen, wenn Verhandlungen zwischen (2) ________________ über (3.) ________________ geführt werden.

d Die uns zugesandten Flaschen enthalten nicht ganz (3/4) ________________________ Liter Wein, wie auf dem Etikett ausgewiesen.

e In derselben Zeit, in der die alte Sekretärin bereits alles fertig hatte, erledigt die neue nur (1/4) ______________________ der Arbeit.

f Die Post befördert täglich viele (1.000) ________________________ Briefe.

g Wenn Sie uns per Bus besuchen wollen, steigen Sie in die (7) ________________.

h Nach Überprüfung der Bilanzen steht fest, dass diese Firma die (1.) ________________ unter den Düngemittelherstellern im europäischen Raum ist.

i Der Kapitän tadelte den (1.) ________________ Offizier, jeder (2.) ________________ Matrose sei nicht Punkt (6) ________________ zum Appell erschienen.

abc ✔

28 Groß oder klein – Sportnachrichten-Sätze

a Er ist der (e) ____inzige, dem ein Sieg zugetraut wird.

b Einen Platz unter den (e) ____rsten (f) ____ünf zu belegen, wäre schon ein Erfolg.

c Die Wasserball-Junioren spielen um die Plätze (s) ____ieben bis (z) ____wölf.

d Vor dem (v) ____ierten Tag der Weltmeisterschaften liegt das Team des Deutschen Verbandes für modernen Fünfkampf weiter auf dem (s) ____iebten Platz unter (z) ____ehn Teams.

e Es kam zu einem Zweikampf um den (e) ____rsten Platz.

f Er lernt aus (j) ____eder Niederlage. Er verliert meistens gegen diese Gegner nur einmal, aber kein (z) ____weites Mal mehr.

g *Zum (z) ____weiten Heimspiel erwartet der Aufsteiger den Tabellenletzten.*

h *Mit einem Sieg zog die deutsche Nationalmannschaft in die Runde der (l) ____etzten (v) ____ier ein.*

i *Als bester Deutscher nahm Schmidt den (l) ____etzten Platz ein.*

j *Durch die Absage eines Teilnehmers erhöhte sich die Anzahl der Spiele für die anderen Teammitglieder beim Turnier von (v) ____ier auf (s) ____echs.*

k *Als (f) ____ünfte lief unsere Sprinterin einen neuen deutschen Rekord.*

l *Die (z) ____weite Deutsche in diesem Finale belegte noch einen guten (s) ____echsten Platz.*

m *Bei der Europameisterschaft landeten die deutschen Meister im überschaubaren Feld der (n) ____eun Paare auf Platz (s) ____echs, wohingegen die (z) ____weiten der Deutschen Meisterschaft (a) ____chte wurden.*

abc

29 Schreiben Sie die in Großbuchstaben geschriebenen Numeralien nochmals mit richtiger Groß- oder Kleinschreibung ab.

a *NIEMAND, JEMAND – Es wird dir ______________ glauben, dass dir ______________ die wertvolle Uhr geschenkt hat.*

b *PAAR, EIN PAAR – Ich werde mir das ______________ Schuhe kaufen, denn ich kann ______________ neue Sachen gut gebrauchen.*

c *BEIDE – Die zwei Sekretärinnen hatten ______________ keine Lust zu arbeiten.*

d *BEIDE, SÄMTLICHE, ALLE ANDEREN – Viele Grüße senden wir ______________ an ______________ Verwandte und ______________ Bekannten.*

e *EINZELNE – Der ______________ hat das Risiko selbst zu tragen.*

f *ALLE, NICHTS, NICHTS – Nachdem ______________ ihn verlassen hatten, stand er vor dem ______________, dabei hatte er sich ______________ vorzuwerfen.*

g *KEIN, EINZELNEN, GANZE – Die Kundgebung nahm ____________________ Ende und immer wieder betonte der Redner, man müsse vom ____________________ ins ____________________ gehen und nicht umgekehrt.*

h *JEDER, ANDEREN – Es muss ____________________, der unter sechzehn Jahre alt ist, das Lokal verlassen, die ____________________ dürfen bis zum Ende des Programms bleiben.*

i *WENIGE, VIELE – Im Katastrophengebiet hatten nur ____________________ genug zu essen, ____________________ litten an Durst.*

j *EINS, ANDEREN – Schließlich kommt ____________________ zum ____________________.*

Substantivierung von Adjektiven

STICHWORT: SUBSTANTIVIERUNG VON ADJEKTIVEN

Adjektive begleiten ein Substantiv. Sie sind Antwort auf die Frage „wie ...?“ oder „was für ein ...?“

Adjektive schreibt man immer klein.

Dies gilt

1. für Adjektive, die sich auf ein Substantiv beziehen,

   Beispiele: Er zeigte mir seine **neuen** Krawatten, die **gestreiften** und die **einfarbigen**.

2. für Steigerungsformen (Superlative) mit „am“ (Antwort auf die Frage „wie?“),

   Beispiele: **am besten, am schnellsten, am häufigsten**

3. in festen Fügungen aus Präposition und ungebeugtem Adjektiv ohne vorangehenden Artikel,

   Beispiele: von fern, gegen bar, in bar, von klein auf, grau in grau, durch dick und dünn, über kurz oder lang, schwarz auf weiß

4. für Ableitungen von geografischen Bezeichnungen, die auf „-isch“ enden und nicht in einem Eigennamen auftreten.

   Beispiele: die **thüringischen** Tugenden, ein **holländisches** Erzeugnis

1) Bei deklinierten Adjektiven ist auch Kleinschreibung möglich!

Adjektive können substantiviert werden.

Dies gilt für alle Adjektive,

1. die ohne Substantiv stehen,
2. die Personen oder Sachen bezeichnen,
3. die mit Artikel stehen,

   Beispiele: Groß und Klein/Große und Kleine; der Große; Alt und Jung/Alte und Junge; das Allgemeine

4. die in Redewendungen stehen,

   Beispiele: auf dem Laufenden sein; im Dunkeln tappen; im Allgemeinen; im Voraus; den Kürzeren ziehen; auf das Äußerste überrascht sein; im Großen und Ganzen; im Wesentlichen

5. die dekliniert mit Präposition und ohne vorangehenden Artikel in festen Fügungen stehen[1],

   Beispiele: seit Langem; des Weiteren; im Übrigen; von Weitem; ohne Weiteres

6. die in Eigennamen und Titeln (hier auch in festen Verbindung mit Substantiven!) oder

   Beispiele: Karl der Große; der Heilige Abend; der Regierende Bürgermeister; der Stille Ozean

7. in Ableitungen von geografischen Bezeichnungen, die auf „-er" enden, stehen.

   Beispiele: ein **München<u>er</u>** Volksfest, eine **Thüring<u>er</u>** Bratwurst

abc ✔

30 Adjektiv oder Substantiv? Schreiben Sie richtig.

a *ALTE – Der ________ ging und schloss die Tür hinter sich.*

b *SCHÖNEN – Die ________________ der Gesellschaft trafen sich beim Ball.*

c *SCHÖNE – In diesem Ort gibt es viele ____________________ Parkanlagen.*

d *GESUNDEN – Für einen ______________________ ist dieser Weg keine Strapaze.*

e *STREIKENDEN – Die _______________________ Arbeiter trugen Transparente mit sich.*

f *STREIKENDEN – Die _______________________ forderten mehr Lohn.*

g *VERMISSTEN – Nach einigen Tagen konnten die ________________________ Bergsteiger geborgen werden.*

h *VERUNGLÜCKTEN – Die ________________________ wurden ins Krankenhaus transportiert.*

i SCHLIMMSTE – Erfreulicherweise wurde das ____________________ verhindert.

j FREIWILLIGE – Viele ____________________ beteiligten sich an den Aufräumarbeiten.

k ALTES, NEUES – Ständig muss ____________________ durch ____________________ ersetzt werden.

l BEDEUTENDES – Allen war klar, dass die beiden ____________________ geleistet hatten.

m GUTES – Geld zu spenden, ist eine Möglichkeit, ____________________ zu tun.

n BÖSES – Ich habe wirklich nichts ____________________ geahnt.

o ECHTE, UNECHTEN – Es erfordert viel Sachverstand, will man ____________________ von ____________________ Schmuckstücken unterscheiden.

p ENTSPRECHENDES – Er hatte ihm bereits gestern ____________________ mitgeteilt.

q ALTE, JUNGE – Zu dem Treffen waren ____________________ und ____________________ gekommen.

r ARM, REICH – Mit Interesse verfolgten ____________________ und ____________________ die Spiele.

abc

31 Schreiben Sie richtig.

a ÄUSSERES – Ein gepflegtes ____________________ ist wichtig.

b GESCHÄFTLICHEN – Der Ruf des Unternehmens ist ein Teil des ____________________ Erfolges.

c KLÜGSTE – Es war das ____________________, was mir einfiel.

d BRAUCHBARES – Unter den Ersatzteilen fanden wir wenig ____________________.

e BESTE – Das ist das ____________________, was ich habe.

f KLÜGSTEN – Es ist am ____________________, sich persönlich vorzustellen.

g GLEICHES, GLEICHEM – Man sollte nicht ____________________ mit ____________________ vergelten.

h GLEICH, GLEICH – ____________ und ____________ gesellt sich gern.

i GRÜNEN – Viele Menschen haben den Wunsch, ihre Freizeit im ____________ zu verbringen.

j AKTUELLSTE, GRÖSSTE – Das ist das ____________ und nach heutigem Wissensstand das ____________ Problem.

k VIELSEITIGE, INTERESSANTE, SELBSTSTÄNDIGE – Wir bieten Ihnen eine ____________, ____________ und ____________ Tätigkeit.

l LANGWIERIGER, BESTMÖGLICHE – Der wirtschaftspolitische Ausschuss hat in ____________ Arbeit das ____________ herausgeholt.

m ERFREULICHES – Ich kann ihm nur ____________ mitteilen.

o SCHNELLER – Etwas ____________ könnte er schon sein.

32 Begründen Sie bei den folgenden Sätzen die Rechtschreibung.

a *Es ist* ***am besten****, sich genau zu informieren.*

____

b *Im* ***Großen und Ganzen*** *bin ich mit dem Erfolg zufrieden.*

____

c *Es gelten hier* ***im Allgemeinen*** *andere Regeln.*

____

d *Neue Ideen sind nicht immer* ***die besten****.*

____

e ***Von Neuem*** *angefangen, hatte er sein Ziel* ***bei Weitem*** *nicht erreicht.*

____

f *Lassen Sie mich bitte* ***auf das Schnellste*** *wissen, was passiert ist.*

____

g *Es kommen* ***vonseiten*** *der Betriebsleitung stets Nachfragen.*

____

h *Die hintere Reihe ist leider besetzt, setzen Sie sich in eine* ***der vorderen****.*

____

____

abc ✔ **33 Adjektiv oder Substantiv? Schreiben Sie die in Großbuchstaben geschriebenen Wörter in korrekter Schreibweise in den Lückentext.**

a *KLEINSTE – Der Urlaubsplan wurde bis ins ________________ ausgearbeitet.*

b *WEITERES – Bis auf ________________ wollen wir alles so bestehen lassen.*

c *GUTEN – Die Eltern versuchen, mit ihrem Sohn im ________________ auszukommen.*

d *BAR – Der Betrag kann in ________________ bezahlt werden.*

e *HERZLICHSTE – Er begrüßte seinen Chef aufs ________________.*

f *GERINGSTEN – Ich rege mich nicht im ________________ darüber auf.*

g *WEITERES, KURZEM – Ich glaube dir ohne ________________, dass dir vor ________________ das Geld gestohlen wurde.*

h *BESTE, BESTE, BESTEN – Der Gast wird aufs ________________ bedient, und das ________________ vom ________________ ist gerade gut genug.*

i *KLEINSTE – Er hat die näheren Umstände bis ins ________________ geprüft.*

abc ✔ **34 Groß oder klein?**

a *LEICHTES – Am Abend sollte man nur etwas ________________ essen.*

b *LEICHTES – Es ist mir ein ________________, die Stelle zu wechseln.*

c *WESENTLICHEN – Die zweite Folge des Krimis unterschied sich im ________________ kaum von der ersten.*

d *NEBENSÄCHLICHES, WESENTLICHE – Sie erzählte nur ________________ und vergaß dabei das ________________.*

e *ALLGEMEINEN – Sie ist im ________________ zufrieden.*

f *WICHTIGSTE – Das ________________ wurde herausgearbeitet.*

g *NÖTIGSTEN – Für den Kranken wäre jetzt Ruhe am ________________.*

h *NÖTIGSTEN – Bei diesen Menschen fehlte es am ________________.*

i *EINFACHSTEN – Beim Text ist er am ________________ gescheitert.*

j *KOMPLIZIERTESTEN – Am ________________ war die zweite Prüfungsfrage.*

k NEUESTE – Weißt du schon das ____________________?

l KLÜGSTE – In diesem Fall ist es das ____________________, wenn du schreibst.

m BESTEN – Es ist am ____________________, wenn du dich entschuldigst.

n BESTEN – Er orientierte sich am ____________________ der Klasse.

o VORAUS – Wir danken Ihnen im ____________________ für Ihr Entgegenkommen.

p BESTEN – Am ____________________ wird es sein, wenn Sie uns besuchen.

abc

35 Setzen Sie die Begriffe in Normalschrift nach den Regeln der Rechtschreibung ein.

a IM ALLGEMEINEN – Hier gelten ____________________ andere Regeln.

b AUSSERGEWÖHNLICHES – Schöne Tage sind in Hamburg etwas

____________________.

c SCHÖNES, UNERFREULICHE – Sein Leben hat ihm viel ____________________,

aber auch manches ____________________ beschert.

d IM REINEN – Nach dieser Aussprache waren sie endlich ____________________

miteinander.

e IM GERINGSTEN – Darüber bin ich nicht ____________________ aufgebracht.

f BESTE, LAUFENDEN – Es ist das ____________________, mich auf dem

____________________ zu halten.

g DES WEITEREN, VOR KURZEM – ____________________ hat er

____________________ Geld gestohlen.

h WUNDERBARE – Es grenzt fast ans ____________________, was er alles vollbringt.

i BESSEREN – Keiner konnte ihn eines ____________________ belehren.

j DICK, DÜNN – Die Freunde gingen miteinander durch ____________________ und

____________________.

k OHMSCHE – Ich habe das ____________________ Gesetz nie begriffen.

l GLEICH, GLEICH – Bei den beiden sieht man wieder, dass sich ____________________

und ____________________ gern gesellt.

m *LÄCHERLICHE – Eine ernste Angelegenheit sollte man nicht ins*

____________________ *ziehen.*

n *BESSERES – Er wusste nichts* ____________________ *anzufangen.*

o *IM GUTEN – Die Ehepartner haben sich* ____________________ *getrennt.*

p *DRAKONISCHE – Er verhängte* ____________________ *Strafen.*

q *IM GROSSEN, GANZEN – Ich stimme den Ausführungen* ____________________

und ____________________ *zu.*

r *SCHRECKLICHE, GROSS, KLEIN – Hägar der* ____________________ *ist bei*

____________________ *und* ____________________ *beliebt.*

s *BILLIGES, PREISWERT – Leider ist* ____________________ *nicht immer*

____________________.

t *BESTE, BESTEN – Es ist das* ____________________ *vom* ____________________.

1.3 (Ehemalige) Substantive in Wortverbindungen

Bocksprünge des Sprachgebrauchs

„Die Sprache lebt und entwickelt sich immerfort. Das „Wie“ dieser Entwicklung hängt aber von uns ab; von den Menschen, die sich der Sprache bedienen. Anlass zu besonderem Stolz auf diesbezügliche Leistungen haben wir allerdings nicht. Was wir an Schludereien, die sich der alte Sünder Sprachgebrauch immer wieder erlaubt, geduldig hinnehmen, stinkt nämlich zum Himmel.

Aus dem Hauptwort „Trotz“ ist das Vorwort „trotz“ entstanden. Man sagte „Trotz (sei) dem schlechten Wetter (geboten)! Wir gehen auf die Jagd.“ Richtig ist also die Verbindung von „trotz“ mit dem dritten Fall. Zu der Tatsache, dass heute vieles „trotz des schlechten Wetters“ geschieht, stellt der Duden aber gelassen fest: „Der Dativ nach trotz ist seltener, abgesehen von Süddeutschland, Österreich und der Schweiz [...].“

Dahinter steckt wohl tief empfundenes Mitleid mit den bedauernswerten, rückständigen Zeitgenossen, die an einer alten – und noch dazu sinnrichtigen! – Ausdrucksweise festzuhalten versuchen.

Dank dem Einfluss des Sprachgebrauchs ist auch das Vorwort „dank“ in solche „Entwicklungen“ verwickelt worden. Aus „Dank sei deinem Fleiß“ ist „dank deinem Fleiß“ und somit aus dem Hauptwort „Dank“ das Vorwort „dank“ (mit dem dritten Fall) geworden. Dem Sprachgebrauch gefällt aber „dank“ mit dem zweiten Fall besser, der Duden zeigt auch dafür uneingeschränktes Verständnis: „Da man ... bei einer ... aus einem Substantiv entstandenen Präposition den Genitiv erwartet (vgl. kraft ..., statt, infolge u. a.), wird dieser vielfach auch bei ‚dank‘ angewendet. Dank eines Zufalls ... kam ich rasch ... voran. Dieser Gebrauch ... gilt hochsprachlich als korrekt.“ So weit also der Duden.

Wie das weitergehen soll, kann man sich leicht vorstellen: Der (sinnrichtige) dritte Fall nach „dank“ wird bald gerade nur noch geduldet und schließlich als „veraltet“ abgelehnt werden [...].

> Was sinnvoll, aber unbequem ist, wird eben abgelehnt und durch Bequemes, Sinnwidriges ersetzt [...]. Dass wir aber „trotz gekränkten Sprachgefühls“ und „dank des Bemühens“ der Förderer des Schludertums aus Ehrfurcht vor dem alten Sünder Sprachgebrauch im Boden versinken, sollte niemand verlangen [...].“
>
> *Hirschbold, Karl: Pirschgänge im Sprachrevier, 1. Aufl., Düsseldorf: Erb 1985, S. 10ff.*

36 Formulieren Sie die grammatische Regel, die den von Hirschbold beschriebenen „Bocksprüngen“ zugrunde liegt.

STICHWORT: (EHEMALIGE) SUBSTANTIVE IN WORTVERBINDUNGEN

Substantive schreibt man groß.

Dies gilt

1. für alle Wörter, die Personen und Sachen benennen (Konkreta),
2. für alle Wörter, die Gedanken, Handlungen, Vorgänge usw. benennen (Abstrakta),
3. für alle Wörter, die eine typische Substantiv-Endung haben,
4. für alle Wörter, die einen typischen Substantiv-Begleiter haben (vgl. zu Regel 1–4, S. 6),
5. für Substantive in bestimmten festen Fügungen.

Beispiele: zu **Grunde** gehen, zu **Stande** bringen, zu **Mute** sein, im **Stande** sein, in **Stand** setzen, von **Seiten**, zu **Wege** bringen, in **Frage** kommen[1]

in/mit **Bezug** auf, zu **Händen** von, außer **Acht** lassen, in **Betracht** kommen, in **Kauf** nehmen, im **Gange** sein, in **Kraft** treten, zu **Recht** bestehen, in **Kürze** auftreten, zu **Werke** gehen, im **Begriff** sein, zu **Schaden** kommen, zu **Fuß** gehen

Auto fahren, **Rad** fahren, Schuld haben, **Angst** haben

Substantive können zu anderen Wortarten werden.

Dies gilt für

1. Verbindungen mit „sein“ und „werden“ und Verbindungen, die eine neue Gesamtbedeutung erhalten haben,

   Beispiele: **angst** sein, **bange** werden, **pleite** sein, **schuld** sein, **leid** sein/werden

2. Ableitungen von zusammengeschriebenen Verben,

   Beispiele: teilnehmen: Ich nehme **teil**.
   stattfinden: Es findet **statt**.

3. Adverbien, Präpositionen und Konjunktionen, die auf „-s“, „-ens“, „-lang“, „-gemäß“ oder „-weise“ enden,

   Beispiele: abends, anfangs, neuerdings, abseits, namens, seitens, ordnungsgemäß, jahrelang, teilweise

---

1) Bei diesen Fügungen wird allerdings die Kleinschreibung empfohlen, z. B. zugrunde gehen, infrage kommen.

4. Präpositionen, die aus Substantiven entstanden sind,

   Beispiele: dank: Wir haben **dank** seines Einsatzes gewonnen.
   kraft: Er entscheidet **kraft** seines Amtes.
   laut: Das gilt **laut** amtlicher Vorschrift Nr. 123.
   trotz: Ich mag ihn **trotz** seines Aussehens.
   zeit: Er tat dies **zeit** seines Lebens.

   Merke: Nach einer solchen Präposition steht das folgende Substantiv im Genitiv (2. Fall – wessen?)

5. für Zusammensetzung mit „zurecht ...".

   Beispiele: zurechtfinden, zurechtrücken, zurechtweisen

abc ✔

37 Substantiv oder Präposition? Schreiben Sie richtig.

a *Allen Aufforderungen zum – TROTZ – blieb er sitzen.*

____

Er blieb – TROTZ – der Aufforderung zu gehen sitzen.

____

b *Sie hatte – ZEIT – ihres Lebens gearbeitet.*

____

In ihrem Leben hatte sie nur – ZEIT – zum Arbeiten.

____

c *Herrscher können – DANK – ihrer Macht die Untertanen befehlen.*

____

Der – DANK – der Untertanen ist dem Herrscher gewiss.

____

d *Er arbeitete im Schweiße seines – ANGESICHTS.*

____

Er wollte – ANGESICHTS – des schönen Wetters nicht arbeiten.

____

____

e *Wegen seines bekannten – NAMENS – war er überall gern gesehen.*

____

Im Auftrag und – NAMENS – meines Klienten bitte ich um Prüfung.

____

f Auf – SEITEN – des Lieferers gab es keine Verzögerung.

____

Das Buch ist auf allen – SEITEN – beschädigt.

____

abc ✔

38 Übertragen Sie die in Versalien geschriebenen Wörter in Normalschrift und bilden Sie die Infinitive.

		Infinitiv
a	*Er hat ____________ (SCHULD)*	____________
b	*Ich habe ____________ (ANGST)*	____________
c	*Es tut ihm ____________ (LEID)*	____________
d	*Sie hat immer ____________ (RECHT)*	____________
e	*Man darf kein ____________ tun. (UNRECHT)*	____________
f	*Er gibt das Geheimnis ____________ (PREIS)*	____________
g	*Ich bin es ____________ (LEID)*	____________
h	*Ihm war ____________ (ANGST)*	____________
i	*Er hält ____________* (STAND)	____________

abc ✔

39 Ersetzen Sie die unterstrichenen Wörter sinnvoll durch folgende Adjektive: böse/willkommen/schuldig/gut/bang.

a Mir ist angst. ____________

b Ich bin dir feind. ____________

c Das ist mir gerade recht. ____________

d Er ist sich zu schade dafür. ____________

e Er ist schuld an allem. ____________

abc ✔

40 Ergänzen Sie die Fügungen sinnvoll durch:

GRUNDE – STANDE – RECHT – FUSS – MUTE – TAGE – WERKE – SCHADEN.

Kennzeichnen Sie es, wenn Groß- und Kleinschreibung möglich ist.

a	*zu* ______________ *gehen*		*e*	*zu* ______________ *gehen*	
b	*zu* ______________ *gehen*		*f*	*zu* ______________ *sein*	
c	*zu* ______________ *bringen*		*g*	*zu* ______________ *treten*	
d	*zu* ______________ *bestehen*		*h*	*zu* ______________ *kommen*	

abc ✔

41 Schreiben Sie die in Großbuchstaben geschriebenen Wörter richtig in die Lücken. Achten Sie auch auf Getrennt- und Zusammenschreibung.

a ANFANGS – Es wehte hier ______________ ein recht kühler Wind.

b IMSTANDE – Er ist nicht ______________ zu sprechen.

c ZUNICHTEGEMACHT – Du hast alle Pläne ______________.

d ZUTAGETRETEN – Seine Betrügereien mussten einmal ______________.

e ZUWEGEGEBRACHT – Wie hast du das nur ______________?

f ABHANDENGEKOMMEN – Es sind verschiedene Dinge ______________.

g BEISEITE – Der Meister legte das Werkzeug ______________.

h VONSTATTEN – Die Arbeit geht nur langsam ______________.

i ZUMUTE – Mir war etwas eigenartig ______________.

abc ✔

42 Schreiben Sie die in Großbuchstaben geschriebenen Wörter in Normalschrift.

a ANGST – Mir ist ______________.

b NOT – Eine Renovierung des Hauses tut ______________.

c RECHT – Sie gab ihm in allem ______________.

d SCHADE – Es ist ______________, dass du nicht da warst.

e SCHULD – Du bist ______________ an dem Missgeschick.

f UNRECHT, ANGST – Er hatte ______________, als er meinte,
ich hätte vor nichts ______________.

g ANGST – Mir wird ______________________________, wenn ich das höre.

h NOT – Wir haben unsere liebe ______________________________ mit ihr.

i SCHULD – Er trägt allein die ______________________________.

j UNRECHT – Ich werde mich hüten, ein ______________________________ zu begehen.

k ACHTGEBEN – Auch ein Fußgänger muss auf der Straße ______________________________.

l ACHT – Sie gibt auf ihre Sachen ______________________________.

m HALT – Er machte vor keiner Untat ______________________________.

n HAUSHALTEN – Wer kann mit seinem Geld ______________________________?

o KOPF – Die Firma stand mal wieder ______________________________.

p TEIL – Sie nimmt an der Veranstaltung nicht ______________________________.

q AUTOZUFAHREN – Ich habe häufig Gelegenheit ______________________________.

r RADFAHREN – Im Sommer werde ich viel ______________________________.

s RAD – Fährst du mit mir ______________________________?

t EISLAUFEN – Ich möchte lieber ______________________________.

u IN/BETRACHT – Ein großes Auto kommt nicht ______________________________.

v ZURECHTERHOBEN – Der Vorwurf wird ______________________________.

w ZURECHTKOMMEN – Du musst mit deinen Freunden ______________________________.

x INFRAGE – Ein längerer Aufenthalt kommt nicht ______________________________.

y INSTANDGESETZT – Die Bahn wurde ______________________________.

z AUSSERACHTGELASSEN – Wir haben vieles ______________________________.

aa INACHTNEHMEN – Man muss sich vor ihm ______________________________.

ab AUF/SEITEN – Er war schon immer ______________________________ der anderen.

ac VONSEITEN – ______________________________ der Eltern wurden Klagen laut.

ad SEITE – Er ist meistens auf der ______________________________ der Schwächeren.

ae INBEZUG – ______________________________ auf die Organisation ist alles klar.

af MITBEZUG – Ich antworte Ihnen ______________________________ auf Ihr Schreiben.

ag ANSTATT – ______________________________ sich zu bedanken, lief er davon.

ah STATT – Das Mädchen wurde an Kindes ______________________ aufgezogen.

ai BEIZEITEN – Ich werde euch ______________________ verständigen.

aj BISWEILEN – Er ist ______________________ schlecht gelaunt.

ak ZEITLEBENS – Es gab für ihn ______________________ nur ein Ziel.

al ZEIT – Er hat ______________________ seines Lebens gearbeitet.

am ZEIT – Hat er keine ______________________ am Wochenende?

an ZUGRUNDE – Er wird an dieser Nachricht nicht ______________________ gehen.

ao INBEZUG – ______________________ auf die Finanzierung wird entschieden.

1.4 Groß- und Kleinschreibung mit einem Rechtschreibwerk

Versuchen Sie, die folgenden kniffligen Fälle der Groß- und Kleinschreibung zu lösen. Vielleicht gelingt es Ihnen auch ohne Hilfe. Wenn nicht, schlagen Sie in einem Rechtschreibwerk nach, um ganz sicherzugehen. Erläuterungen, Zeichenerklärungen, Regeln stehen am Anfang jedes Rechtschreibwerkes.

abc

43 recht oder Recht?

recht / Recht

Kleinschreibung:

- ein rechter Winkel
- der rechte Ort; der rechte Zeitpunkt
- zur rechten Hand, rechter Hand (rechts); jmds. rechte Hand sein *(übertr.)*
- jetzt erst recht
- so ist es recht; das ist [mir] durchaus, ganz, völlig recht; es soll mir recht sein
- das geschieht ihm recht
- das ist nicht recht von dir; es ist [nur] recht und billig; alles, was recht ist
- man kann ihm nichts recht machen
- gehe ich recht in der Annahme, dass …

Großschreibung:

- das Recht, des Recht[e]s, die Rechte
- bürgerliches Recht, öffentliches Recht
- im Recht sein
- von Rechts wegen
- mit Recht, ohne Recht
- etwas für Recht erkennen
- nach Recht und Gewissen
- Recht finden, Recht sprechen; sein Recht suchen, bekommen; das Recht anwenden, vertreten, verletzen, beugen
- sein Recht fordern; auf sein Recht pochen; zu seinem Recht kommen
- zu Recht; zu Recht bestehen, erkennen; sie ist zu Recht auf den zweiten Platz gekommen, *aber* sie ist allein gut zurechtgekommen, kommt allein gut zurecht

Vgl. auch rechtens *u.* zurechtbiegen, zurechtfinden usw.

Groß- oder Kleinschreibung:

- du hast recht *od.* Recht daran getan
- recht *od.* Recht haben; wie recht sie hat!; du hast ja so recht!
- recht *od.* Recht behalten; recht *od.* Recht bekommen
- jmdm. recht *od.* Recht geben

a Wir sollten unsere Produkte ins RECHTE Licht setzen.

b Diesmal hat er RECHT behalten.

c *Wer RECHT hat, hat das RECHT auf seiner Seite.*

d *Er hat nichts RECHTES gelernt.*

e *Der Chef kommt morgen, um nach dem RECHTEN zu sehen.*

f *Unser Anspruch besteht ZU/RECHT.*

g *Geisterfahrer verwechseln LINKS UND RECHTS.*

h *Sie ist die RECHTE Partnerin für ihn.*

i *Diese Maßnahmen sind nicht RECHTENS.*

j *Diese Maßnahme trifft sie völlig zu UNRECHT.*

k *Wir bestreiten, dass Sie RECHT haben.*

l *Von RECHTS/WEGEN ist das nicht gestattet.*

m *Wir haben das RECHT, Schadenersatz zu fordern.*

n *Wie kommt er nur ohne Hilfe ZU/RECHT?*

o *Diese Hilfe bekommt er ZU/RECHT.*

p *Es ist kaum möglich, es jedem RECHT/ZU/MACHEN.*

q *Der Praktikant ist keine RECHTE Hilfe.*

r *Auch in diesem Fall wird nach RECHT und Gesetz gehandelt.*

s *Für diese Position ist er nicht der RECHTE.*

t *Wenn es Ihnen RECHT ist, komme ich morgen vorbei.*

u *Es ist klar, wer in dieser Streitsache RECHT bekommt.*

v *Mit seinem Verhalten war er vollkommen IM/RECHT.*

w *Das linke Blinklicht ist i. O.; schau mal nach dem RECHTEN.*

x *Er ist in seinem Gartenhaus, um nach dem RECHTEN zu sehen.*

y *Ich muss ihr RECHT geben, wenn sie auf ihr RECHT pocht.*

z *Auch Minderheiten sollen zu ihrem RECHT kommen.*

aa *Zukünftig muss sie sich vor ihren Kollegen RECHTFERTIGEN.*

44 folgende oder (das) Folgende?

fo̲l|gend

- folgende [Seite] (*Abk.* f.), S. 42 f.; folgende [Seiten] (*Abk.* ff.), S. 36 ff.
- folgendes politische Bekenntnis; folgende lange (*seltener* langen) Ausführungen; wegen folgender wichtiger (*auch* wichtigen) Ereignisse

Großschreibung ↑K 72:

- wir möchten Ihnen Folgendes (dieses) mitteilen
- das Folgende (dieses); aus, in, nach, von Folgendem (diesem)
- das Folgende (das später Erwähnte, Geschehende; die nachfolgenden Ausführungen); aus, in, nach, von dem Folgenden; im, vom Folgenden (dem später Erwähnten, Geschehenden; den folgenden Ausführungen)
- mit Folgendem (hiermit) teilen wir Ihnen das Ergebnis mit
- alle Folgenden (anderen) werden nicht mehr abgefertigt
- jeder Folgende (Weitere) erhält diese Summe

a Wir müssen in FOLGENDEM einige Dinge klarstellen.

b Wir werden im FOLGENDEN alle wichtigen Punkte erläutern.

c Wir bitten um FOLGENDE Auskünfte.

d Sie müssen FOLGENDES beachten.

e Im FOLGENDEN teilen wir Ihnen mit ...

f Wir müssen Ihnen FOLGENDES mitteilen.

g Mit dem FOLGENDEN sind wir nicht einverstanden.

h Das FOLGENDE wird sich nicht umgehen lassen.

45 mal oder Mal?

¹Ma̲l

das; -[e]s, -e

I. *Groß- und Getrenntschreibung als Substantiv:*
- das erste, zweite usw. Mal; das and[e]re, einzige, letzte, nächste, vorige usw. Mal; das eine Mal
- ein erstes usw. Mal; ein and[e]res, einziges, letztes Mal; ein Mal über das and[e]re, ein ums and[e]re Mal
- von Mal zu Mal; Mal für Mal; jedes Mal
- dieses, manches, nächstes, voriges Mal; manches liebe, manch liebes Mal
- mit einem Mal[e]; beim, zum ersten Mal[e]; beim, zum zweiten, letzten, ander[e]n, soundsovielten, x-ten Mal[e]
- die letzten, nächsten Male
- einige, etliche, mehrere, unendliche, unzählige, viele, viele tausend *od.* Tausend, wie viele Mal[e]
- ein Dutzend Mal, ein paar Dutzend *od.* dutzend Mal; eine Million Mal[e], drei Millionen Mal[e], Millionen Mal
- ein oder mehrere Male; ein für alle Mal[e]; diese paar Mal[e]
- zu fünf Dutzend Malen; zu verschiedenen, wiederholten Malen

II. *Zusammenschreibung als Adverb:*
- noch einmal, noch einmal so viel, auf einmal (*vgl.* mal)
- keinmal, vielmal, manchmal, x-mal, allemal, diesmal, ein andermal
- zweimal (*mit Ziffer* 2-mal); drei- bis viermal (*mit Ziffern* 3- bis 4-mal *od.* 3–4-mal)

III. *Getrennt- oder Zusammenschreibung:*
- e̲inmal (*aber* e̲in Ma̲l; *hier sind beide Wörter betont*); fünfundsi̲ebzigmal (*aber* fünfundsi̲ebzig Ma̲l; *beide Wörter betont*); hu̲ndertmal (*aber* hu̲ndert Ma̲l); ta̲usendmal (*aber* ta̲usend Ma̲l)
- *Genauso:* ein paarmal (*auch, bei besonderer Betonung,* ein paar Mal), sovielmal (*auch* so viel Mal), wievielmal (*auch* wie viel Mal), vieltausendmal (*auch* vieltausend Mal)

a Wir haben Ihnen bereits VIER/MAL geschrieben.

b Wir haben dieser Tage MEHRERE/MALE bei Ihnen angerufen.

c Der Umsatz ist ANDERTHALB/MAL größer als voriges Jahr.

d Ein PAAR/MAL mache ich das noch mit.

e *Das NÄCHSTE/MAL werden wir Ihnen keine so günstigen Konditionen mehr anbieten können.*

f *Sie bestellten diesen Artikel schon EIN/PAAR/DUTZEND/MAL.*

g *Ein ums ANDERE/MAL trat dieser Defekt auf.*

h *Die Bilanz wird von MAL/ZU/MAL besser.*

i *Es war bereits das ZWEITE/MAL.*

j *Das EINE/MAL wird es noch gehen.*

k *Ich habe zum X/TEN/MAL versucht, Sie zu erreichen.*

l *DIES/MAL werde ich es schaffen.*

m *Das ist noch EIN/MAL gut gegangen.*

n *Es klappt nicht immer beim ERSTEN/MAL.*

abc

46 möglich oder (das) Mögliche?

mög|lich

- so viel wie, *älter* als möglich; so gut wie, *älter* als möglich
- wir sollten uns, wo möglich (*kurz für* wenn es möglich ist), selbst darum kümmern; *vgl. aber* womöglich
- Unmögliches möglich machen

Großschreibung der Substantivierung ↑K72:

- im Rahmen des Möglichen
- Mögliches und Unmögliches verlangen
- Mögliches und Unmögliches zu unterscheiden wissen
- das Mögliche (im Gegensatz zum Unmöglichen) tun
- etwas, nichts Mögliches
- man sollte alles Mögliche (alle Möglichkeiten) bedenken
- wir haben das Mögliche (alles) getan
- sie werden alles Mögliche (viel, allerlei) versuchen
- er wird sein Möglichstes tun

a *Wir machen UNMÖGLICHES MÖGLICH.*

b *Wir werden unser MÖGLICHSTES tun, um die Mängel abzustellen.*

c *Wir versprechen Ihnen, dass wir alles MÖGLICHE tun werden.*

d *Wir erwarten Ihre Antwort so schnell wie MÖGLICH.*

e *Wir haben alles MÖGLICHE besprochen.*

f *Die neuen Vereinbarungen bleiben im Rahmen des MÖGLICHEN.*

g *Sie müssen unbedingt alles MÖGLICHE versuchen.*

h *Er hat UNMÖGLICHES geleistet.*

i *Realisten unterscheiden MÖGLICHES von UNMÖGLICHEM.*

j *Für das Projekt muss noch alles MÖGLICHE durchdacht werden.*

abc ✔

47 beste oder Beste?

bes|te

Kleinschreibung:

- das beste [Buch] ihrer Bücher
- dieser Wein ist der beste
- es ist am besten, wenn ...
- sie konnte am besten von allen rechnen
- wir fangen am besten gleich an

Großschreibung der Substantivierung ↑K 72:

- ich halte es für das Beste, wenn ...
- er ist der Beste in der Klasse; sie hat ihr Bestes getan; aus etwas das Beste machen
- wir arbeiten auf das, aufs Beste *od.* beste zusammen; *aber nur* seine Wahl ist auf das, aufs Beste gefallen
- mit ihrer Gesundheit steht es nicht zum Besten (nicht gut)
- etw. zum Besten geben
- jmdn. zum Besten haben, halten
- es ist nur zu deinem Besten
- ich will nicht das erste Beste

a *Es wird am BESTEN sein, wenn Sie vorher anrufen.*

b *Man sollte niemanden zum BESTEN halten.*

c *Man kann nur das BESTE hoffen.*

d *Das BESTE an diesem Tag ist das Wetter.*

e *Das war das BESTE, was uns bisher angeboten wurde.*

f *Mit der Konjunktur steht es nicht zum BESTEN.*

g *Wir sind stets bemüht, unser BESTES zu geben.*

h *Von allen Vorschlägen war dies der BESTE.*

i *Es hat sich gezeigt, dass nur das BESTE gut genug ist; deshalb nehmen wir als Material nur das BESTE vom BESTEN.*

j *Ich halte es für das BESTE, wenn wir uns zuvor informieren.*

k *Es gibt viele, die dieses Buch für sein BESTES halten.*

l *Sie ist noch immer die BESTE in ihrer Disziplin.*

m *Das BESTE seiner Bilder steht nicht zum Verkauf.*

n *Ihre Wahl ist auf das BESTE gefallen.*

o *Wenn jemand beteuert, es sei zu deinem BESTEN, ist Vorsicht geboten.*

48 acht oder Acht?

acht

Zahlwort:
die Zahlen von acht bis zwölf; acht Millionen; im Jahre acht; die Linie acht
er ist über acht [Jahre]; Kinder von acht [bis zehn] Jahren; mit acht [Jahren] hat sie ihre erste Geige bekommen
es ist acht [Uhr]; um acht [Uhr]; es schlägt eben acht; [ein] Viertel auf, vor acht; halb acht; drei viertel acht (*vgl.* viertel, Viertel); Punkt, Schlag acht
wir sind [unser] acht; eine Familie von achten *(ugs.)*; wir sind zu acht
diese acht [Leute]; die ersten, letzten acht
das macht acht fünfzig (*ugs. für* 8,50 €); er sprang acht zweiundzwanzig (*ugs. für* 8,22 m)
acht und eins macht, ist (*nicht:* machen, sind) neun; acht mal zwei (8 mal 2); acht zu vier (8:4), acht Komma fünf (8,5)

Ableitungen und Zusammensetzungen:
acht[und]einhalb; achtundzwanzig; achtmillionste
achterlei; achtfach (8fach *od.* 8-fach); achtjährig (8-jährig; *vgl. d.*); achtmal (8-mal; *vgl. d.*); achtmalig (8-malig); achtteilig (8-teilig)
achtens; achtel *(vgl. d.)*; das Achtel *(vgl. d.)*
Achtmetersprung (8-Meter-Sprung ↑K26)
der Achter *(vgl. d.)*
Vgl. [1]Acht, [2]Acht

a Sie müssen sich vor körperlicher Anstrengung mehr IN/ACHT/NEHMEN.

b Das Fahrrad hatte nach dem Sturz eine ACHT.

c Die Feier beginnt bereits vor ACHT.

d Schalter ACHT ist nicht besetzt.

e Der Betrieb auf der ACHT wird eingestellt.

f Der ACHTER wurde Erster.

g Er stand als ACHTER in der Schlange.

h Er hat ACHT Jahre hier gewohnt.

i Es hat eben ACHT geschlagen.

j Er hat alle Vorsicht außer ACHT gelassen.

k Das ACHTE Weltwunder ist es nicht; aber es ist doch etwas Besonderes.

l Nicht der ACHTE, sondern der erste Mai ist ein Feiertag.

m Auf den Straßenverkehr sollte man die größte ACHT geben.

n Soll das etwa eine ACHT sein?

o Die Aufgabe des Werkschutzes ist es, auf das Betriebsgelände ACHT/ZU/GEBEN.

p Der ACHT/UHR/ZUG wird durch einen Bus ersetzt, der jetzt allerdings bereits VIERTEL/VOR/ACHT losfährt.

abc ✔

49 deutsch oder Deutsch?

deutsch/Deutsch

deutsch
Abk. dt.
I. *Kleinschreibung:*

Da das Adjektiv »deutsch« nur in echten Namen und Substantivierungen großgeschrieben wird, gilt in den folgenden Fällen Kleinschreibung:

die deutsche Einheit, *aber* der Tag der Deutschen Einheit
das deutsche Volk
die deutsche Sprache
die deutschen Meisterschaften [im Eiskunstlauf]
sie ist deutsche Meisterin [im Eiskunstlauf], *aber* (als Titel:) Anita G., Deutsche Meisterin
das deutsche Recht
der deutsche Michel
↑K 150: Gesellschaft für deutsche Sprache
Vgl. aber II

Kleinschreibung gilt für »deutsch« auch in Verbindung mit Verben, wenn es mit wie? erfragt werden kann:

der Redner hat deutsch (nicht englisch) gesprochen
am Nebentisch saß ein (gerade jetzt) deutsch sprechendes *od.* deutschsprechendes Ehepaar
sich deutsch unterhalten
der Brief ist deutsch (in deutscher Sprache bzw. in deutscher Schreibschrift) geschrieben
deutsch mit jmdm. reden (*auch ugs. für* jmdm. unverblümt die Wahrheit sagen)
Staatsangehörigkeit: deutsch (in Formularen u. Ä.)
Vgl. aber II *u.* Deutsch
II. *Großschreibung* ↑K 72:

Großgeschrieben wird das substantivierte Adjektiv, wenn es im Sinne von »deutsche Sprache« verwendet wird:

etwas auf Deutsch sagen
der Brief ist in Deutsch abgefasst
eine Zusammenfassung in Deutsch
auf gut Deutsch gesagt
das heißt auf/zu Deutsch ...
Vgl. aber I; *vgl.* Deutsch

Großgeschrieben wird »deutsch« auch als Bestandteil von Namen und bestimmten namenähnlichen Fügungen ↑K 88 *u.* 89:

der Deutsch-Französische Krieg (1870/71) [*aber* ein deutsch-französischer Krieg (irgendeiner)]
Deutscher Akademischer Austauschdienst (*Abk.* DAAD)
Deutsche Angestellten-Gewerkschaft (*Abk.* DAG)
die Deutsche Bibliothek (in Frankfurt)
die Deutsche Bücherei (in Leipzig; *Abk.* DB)
die Deutsche Bucht (Teil der Nordsee)
der Deutsche Bund (1815–66)
der Deutsche Bundestag
Deutsche Bahn (*Abk.* DB)
Deutsche Bundesbank (*Abk.* BBk)
Deutsche Demokratische Republik (1949–90; *Abk.* DDR)
die Deutsche Dogge
der Tag der Deutschen Einheit (3. Oktober)
Deutscher Fußball-Bund (*Abk.* DFB)
Deutscher Gewerkschaftsbund (*Abk.* DGB)
Deutscher Industrie- und Handelstag (*Abk.* DIHT)
Verein Deutscher Ingenieure
Deutsches Institut für Normung (*Zeichen* DIN)
Deutsche Jugendherberge (*Abk.* DJH)
Deutsche Lebens-Rettungs-Gesellschaft (*Abk.* DLRG)
Deutsche Mark ([1948–2002] *Abk.* DM)
der Deutsche Orden
Deutsche Post AG
Deutsche Presse-Agentur (*Abk.* dpa)
das Deutsche Reich
Deutsches Rotes Kreuz (*Abk.* DRK)
der Deutsche Schäferhund
Institut für Deutsche Sprache
Deutscher Turnerbund (*Abk.* DTB)
Vgl. I, Deutsch *u.* Deutsche, das

Deutsch
das; des Deutsch[s], dem Deutsch
(die deutsche Sprache, sofern sie die Sprache eines Einzelnen oder einer bestimmten Gruppe bezeichnet oder sonst näher bestimmt ist; Kenntnis der deutschen Sprache)
mein, dein, sein Deutsch ist schlecht
die Aussprache seines Deutsch[s]
das Plattdeutsch Fritz Reuters
das Kanzleideutsch, das Kaufmannsdeutsch, das Schriftdeutsch
sie kann, lehrt, lernt, schreibt, spricht, versteht [kein, nicht, gut, schlecht] Deutsch
ein Deutsch sprechender *od.* deutschsprechender Ausländer (*vgl. aber* deutsch I)
[das ist] gutes Deutsch
er spricht gut[es] Deutsch
sie kann kein Wort Deutsch
ein Lehrstuhl für Deutsch
er hat eine Eins in Deutsch (im Fach Deutsch)
in heutigem Deutsch *od.* im heutigen Deutsch
Vgl. Deutsche, das *u.* deutsch I *u.* II

a *Auch nach der Einführung des Euro konnte man kurze Zeit noch mit der DEUTSCHEN MARK bezahlen.*

b *Sie sprach DEUTSCH mit englischem Akzent.*

c *Er konnte nur ein paar Brocken DEUTSCH.*

d *Sag mal was auf DEUTSCH.*

e *Dieses Buch ist auch in DEUTSCH erschienen.*

f *Er unterrichtet DEUTSCH, insbesondere aber die DEUTSCHE Grammatik.*

g *Wer nie DEUTSCH gelernt hat, macht sich keinen Begriff, wie verwirrend die DEUTSCHE Sprache ist.*

h *Im DEUTSCHEN werden alle Substantive großgeschrieben.*

i *Am Ende ihres Besuches bedankten sich die ausländischen Gäste mit einer Dankrede auf DEUTSCH.*

j *Kostenlos dürfen DEUTSCHE Parlamentarier mit der DEUTSCHEN Bahn fahren.*

k *Obwohl der Brief in DEUTSCH geschrieben ist, erkennt man, dass der Schreiber kaum DEUTSCH kann.*

l *Die Novelle ist aus dem Englischen ins DEUTSCHE übersetzt.*

m *Er reagiert nur, wenn man mal richtig DEUTSCH mit ihm redet.*

n *Ich würde mich gern mit ihm auf DEUTSCH unterhalten; leider habe ich aber keine Ahnung vom DEUTSCHEN.*

o *C'est la différence. Oder auf DEUTSCH: Das ist der Unterschied.*

abc

50 Wieder oder wider?
Setzen Sie das richtige Wort ein. Achten Sie aber auch auf die korrekte Groß- und Kleinschreibung.

wie|der

(nochmals, erneut; zurück)
- um, für nichts und wieder nichts; hin und wieder (zuweilen); wieder einmal

Vgl. aber wider

I. *Zusammenschreibung in Verbindung mit Verben und Adjektiven vor allem dann, wenn »wieder« im Sinne von »zurück« verstanden wird:*
- ich kann dir das Geld erst morgen wiedergeben
- der Restbetrag wurde ihr wiedererstattet
- er hat alle geliehenen Bücher wiedergebracht
- kann ich bitte meinen Kugelschreiber wiederhaben?
- wenn du jetzt gehst, brauchst du nicht mehr wiederzukommen!

Zusammenschreibung auch in folgenden Fällen:
- wiederkäuen ([von bestimmten Tieren:] nochmals kauen; *auch übertr. für* ständig wiederholen)
- Festtage, die jährlich wiederkehren (sich wiederholen)
- sie hat den Text wörtlich wiedergegeben (wiederholt)
- er wollte den Vorfall wahrheitsgetreu wiedergeben (schildern, darstellen)
- würden Sie den letzten Satz bitte wiederholen
- das Fernsehspiel ist schon mehrfach wiederholt worden
- eine Klasse, den Lehrstoff wiederholen
- das Experiment war nicht wiederholbar
- die Kranke ist noch nicht ganz wiederhergestellt (gesundet)
- das Material ist wiederverwertbar
- wiederverwendbare Verpackungen

Vgl. aber wieder II u. III

II. *Getrenntschreibung vor allem dann, wenn »wieder« im Sinne von »nochmals, erneut« verstanden wird:*
- wieder abdrucken, wieder anfangen, das Spiel wieder anpfeifen
- dieses Modell wird jetzt wieder hergestellt (erneut produziert)
- ich werde das nicht wieder tun
- einen Ort wieder aufsuchen
- es ist mir alles wieder eingefallen

III. *In vielen Fällen ist Getrennt- oder Zusammenschreibung möglich, vor allem dann, wenn der gemeinsame Hauptakzent entweder nur auf »wieder« oder nur auf dem Verb oder sowohl auf »wieder« als auch auf dem Verb oder Adjektiv liegen kann:*
- ein Theaterstück wieder aufführen *od.* wiederaufführen
- alte Bräuche, die heute wieder aufleben *od.* wiederaufleben
- die alten Vorschriften wieder einführen *od.* wiedereinführen
- wir haben uns auf dem Kongress wiedergesehen (haben ein Wiedersehen gefeiert) *od.* wieder gesehen (sind uns erneut begegnet); *aber nur* der Blinde konnte nach der Operation wieder sehen

Vgl. auch wieder aufbauen, wiederaufbauen; wieder aufnehmen, wiederaufnehmen usw.

wi|der (*meist geh. für* [ent]gegen); *Präp. mit Akk.:* das war wider meinen ausdrücklichen Wunsch; wider [alles] Erwarten; wider Willen; *vgl. aber* wieder; das Für und [das] Wider
wi|der...; *in Verbindung mit Verben: in unfesten Zusammensetzungen,* z. B. widerhallen, widergehallt; *in festen Zusammensetzungen,* z. B. widersprechen, widersprochen

a *Gegen sehr viele technologische Großprojekte regt sich* ____________________ *stand.*

b *Der angesammelte Müll müsste mal* ____________________ *entfernt werden.*

c *Die* ____________________ *verwendung von Rohstoffen schont die Umwelt.*

d *Zu* ____________________ *handlungen werden bestraft.*

e Das ist ja ________________ lich.

f Er ist bereit, ________________ gutmachung zu leisten.

g Er hat seine Aussage ________________ rufen.

h Die Diskussion um ein Tempolimit wird immer ________________ kontrovers geführt.

i Der Vermisste ist bisher nicht ________________ aufgetaucht.

j Er erledigte seine Arbeit ________________ willig und ________________ strebend.

k Alle ________________ belebungsversuche blieben ohne Erfolg.

l Das Vorjahresergebnis wurde ________________ erreicht.

m Das Verfahren wird ________________ aufgenommen.

n Das Kind hat den Ball ________________ aufgenommen.

1.5 Testaufgaben

51 Farbnamen – wann groß?

> Komplementärfarbe ist ein Begriff aus der Farbenlehre. Eine praktische Anwendung ist die grüne Kleidung von Operationspersonal in Krankenhäusern. Das verwendete Grün entspricht genau der Komplementärfarbe des roten Blutes.
>
> *https://de.m.wikipedia.org/wiki/Komplement%C3%A4rfarbe aufgerufen am 18.06.2019*

52 Bilden Sie mit jeder Wortverbindung aus Substantiv, Verb und Präposition einen Satz.

a ÜBER/HAND/NEHMEN ________________________________

b ZU/TAGE/TRETEN ________________________________

c ZU/RECHT/BESTEHEN ________________________________

d IN/FRAGE/KOMMEN ________________________________

e SCHADE/SEIN ________________________________

f IN/KAUF/NEHMEN ________________________________

g VON/STATTEN/GEHEN ________________________________

h *ZU/NUTZE/MACHEN* ______________________

i *ZU/DANK/VERPFLICHTET* ______________________

j *ANGST/HABEN* ______________________

k *RECHT/GEBEN* ______________________

l *IN/BETRACHT/ZIEHEN* ______________________

m *DIÄT/LEBEN* ______________________

n *REDE/UND/ANTWORT/STEHEN* ______________________

o *IM/STICH/LASSEN* ______________________

p *BEZUG/NEHMEN* ______________________

q *UNTER/BEZUG/AUF* ______________________

r *IN/BEZUG/AUF* ______________________

s *IN/ACHT/NEHMEN* ______________________

abc ✔ **53 Groß oder klein? – Begründen Sie die richtige Schreibweise.**

a *PEINLICHSTE – Die Bestimmung muss aufs* ______________ *eingehalten werden.*

PEINLICHE – Das ______________ *dabei ist, dass man ihn erwischt hat.*

PEINLICH – Die ganze Angelegenheit war ihm ziemlich ______________.

b *UNERMESSLICHE – Die Absurdität der Subventionen steigt ins* ______________.

UNERMESSLICHE – Die hohen Kosten sind das eigentlich ______________.

UNERMESSLICH – Der Schaden war ______________ *groß.*

c *ZU LÖSEN – Große Bemühungen sind vonnöten, um die Probleme* ______________.

LÖSUNG – Zur ______________ *der Probleme sind erhebliche Bemühungen nötig.*

d *SCHLIMMERES – Sicherheitsgurte verhinderten* ______________.

SCHLIMMSTEN – Am ______________ *ist die Situation in den Dürregebieten.*

SCHLIMME – Das ______________ *ist, dass man aus Schaden selber klug werden muss.*

SCHLIMM – Der Schaden ist ______________.

e *ÄHNLICHES – Steht den Fans* ______________ *bevor?*

ÄHNLICHES – In letzter Zeit hatten wir nichts ______________ *erlebt.*

f *Basteleien und kreative arbeiten, wie getöpfertes,*

gesticktes, gemaltes, fotografiertes und vieles mehr, sollen

eine bunte palette der freizeitbeschäftigung heute zeigen.

Die hobby-handwerker leisteten beachtliches.

Das niveau der arbeiten ist erstaunlich.

Diese außergewöhnliche ausstellung bleibt noch eine woche geöffnet.

54 Adjektive auf „-isch" und „-er" – groß oder klein?
Ordnen Sie die Adjektiv-Verbindungen nach ihrer Schreibweise.

die europäische gemeinschaft/die europäische gesetzgebung/die wienerische eleganz/das wiener schnitzel/die französische revolution/die französische mode/das bayerische bier/das dortmunder bier/die hessische landesbank/der alte fritz/die neue welt/das rote kreuz/die goldene hochzeit/das hohe gericht/die allgemeine ortskrankenkasse/die allgemeine hochschulreife/die freiwillige feuerwehr/der öffentliche dienst/das verarbeitende gewerbe/der persische golf/der leitende angestellte/die evangelische kirche/das berliner philharmonische orchester/das philharmonische konzert/die grimmschen märchen/die afrikanischen märchen/die deutsche nationalmannschaft/der verband deutscher sportfischer/die deutsche sprache/die deutsche bahn ag/die olympischen spiele/der olympische geist/das nationale olympische komitee/die lyrischen texte/das epische theater

groß	***klein***

55 Schreiben Sie diese Meldung in richtiger Groß- und Kleinschreibung ab.

MF00181 NAECHSTE REUTER-ANFRAGE=> SYMBOL: ART: M BPK 06-09-11 3:15

TECHNISCHER DEFEKT BLOCKIERT BOERSE IN AMSTERDAM XGJE

AMSTERDAM (REUTER) – AN DER AMSTERDAMER BOERSE IST AM MONTAGMORGEN DER HANDEL WEGEN EINES TECHNISCHEN DEFEKTS IM KOMMUNIKATIONSSYSTEM ZUM ERLIEGEN GEKOMMEN. EIN SPRECHER DER BOERSE TEILTE MIT, REPARATURARBEITEN SEIEN EINGELEITET WORDEN, DOCH SEI UNKLAR, WANN DER HANDEL WIEDER AUFGENOMMEN WERDEN KÖNNE:

URS/FGC

11-SEP-1153. GNX 129 BA1101166 RDWD RDFH

MEHR AUF – XGKH

56 Schreiben Sie den Text in richtiger Groß- und Kleinschreibung nochmals ab.

GUTE IDEE!

MMH, LECKER, KABEL! IM BAUCH DES MULTIPOT VERSCHWINDEN SIE ENDLICH, DIE STRIPPEN DER AUFLADESTATIONEN.

LADEKABEL FÜRS HANDY RAUS, DAS FÜR DEN IPOD REIN IN DIE STECKDOSE.

UND WO IST EIGENTLICH DIE LADESTATION FÜR DEN FOTO-AKKU? KABEL-CHAOS! DA SCHAFFT DER MULTIPOT ABHILFE: DER STYLISCHE TOPF VERBIRGT AN DER DECKEL-UNTERSEITE EINEN FÜNFFACHSTECKER, FÜNF LADEKABEL KÖNNEN SICH IM INNERN VERBORGEN KNÄULEN, OBEN SCHAUT NUR EIN KLEINES, SAUBERES ENDE RAUS. ANDOCKEN, FERTIG. UND EINE LED-LAMPE BELEUCHTET DEN LADE-TOPF AUF KNOPFDRUCK AUCH NOCH CHIC.

57 Unterstreichen Sie alle Substantive.

Kummer des bekümmerten

„Dem alten porträtmaler, künstler im ruhelosesten ruhestand, geht es … man darf kaum noch sagen: schlecht. Es geht ihm sozusagen überhaupt nicht mehr. Von keinem seiner bekannten, heißt es, verlangt er jemals auch nur die geringste hilfe. Wovon er lebt, das weiß niemand. Aber heute schwebt ja über sehr vielen existenzen geisterhaft dieses fragezeichen, gekrümmt wie der mensch, wenn er getreten wird. Seit ich ihn kenne, trägt der maler denselben romantischen schlapphut à la bohèhme, eine schwarze, sehr locker gebundene riesenschmetterlingskrawatte und, auch im strengsten winter, ein dünnes, einstmal graues, jetzt schicksalsdunkles cape, das im winde flattert. Wenn er so daherweht, schwarz durch die weißgeschneite straße, ein komplizierter, vielflittriger rabe, schauen ihm die leute verdrießlich nach, als wäre ihnen ein unglücksbote begegnet, und die, welche Poe gelesen haben, denken: „nevermore!“ Der maler hat neurotische angst, das gespräch könnte auf sein elend kommen. Deshalb redet er gleich nach dem „Guten Tag“ von malerei und steigert sich in künstlich zornige klage über den verfall der kunst. Seiner meinung nach verhungern die, welche sich heute künstler nennen, rechtens. Von dem einwand, solches verhungern dürfte doch wohl auch andere gründe haben als die talentlosigkeit der generation, etwa den zeitenlauf, krieg und krise und dass heute wenig leute geld ausgeben wollen oder können, um ihre langweilige visage in öl einlegen zu lassen, davon will der alte nichts wissen. Erstens, weil er der ansicht ist, die porträtisten der gegenwart würden schlechte maler geworden sein, auch wenn sie mit drei händen zur welt gekommen wären, und noch mehr erstens, weil er auch schon gesprächen über allgemeine not ausweicht, in angst, es könnte dabei an seinen eigenen jammer gerührt werden. Ich achte die liebens- und lobenswerte marotte des braven mannes. Und wenn wir einander begegnen, sind wir dermaßen sofort bei der malerei, als wäre das thema brennend. Kürzlich ist es mir aber trotzdem widerfahren, dass ich die blödsinnige, leere frage an ihn richtete: „Wie geht es ihnen?“ Das geschah vor einem lebensmittelladen, an dessen schaufenster der maler (noch schwärzer, verhungerter und dürrer, als ich ihn zuletzt gesehen hatte) neben einem anderen, auch betrüblich aussehenden herrn sein auge sättigte. Ich dachte anfangs, die beiden gehörten zusammen. Aber mein freund ließ den betrüblichen stehen und ging mit mir weiter, sodass sie doch wohl einander fremd gewesen sein dürften. Damals nun, wohl aus blanker verlegenheit, fragte ich: „Wie geht es ihnen?“ Der alte zog den schlapphut mit heftigem ruck tief in die stirn, als wollte er etwas nicht sehen, das zu sehen er genötigt wurde. Dann, auf den mann vor dem lebensmittelladen deutend, rief er mit einer resignierenden gebärde der hochgehobenen und gleich wieder in die hängelage kraftlos zurückfallenden arme: „Mein gott, man möchte ja so gerne helfen … aber man kann nicht!“

Polgar, Alfred: Kleine Schriften, hrsg. von Marcel Reich-Ranicki, Reinbek: Rowohlt 1986

58 **Schreiben Sie das Gedicht mit korrekter Groß- und Kleinschreibung nach den Regeln der neuen Rechtschreibung noch einmal.**

der kleine garten

„er arbeitet vor seinem haus
an blumen, die sonne im rücken,
richtet sich manchmal auf,
wischt die stirn trocken und schaut
dem himmel zu, dem wind an den bäumen,
einer fahrradkolonne,
hat dann wieder sein haus
mit dem garten davor, den blumen,
und gräbt weiter im schatten.

er stellt eine liebe freundin
jedes jahr vor den blühenden kirschbaum,
um sie ins album zu kleben
und sich ein leben zu sammeln,
wie manche blüten aufheben,
wenn der kirschbaum verstreut ist.

er arbeitet an seinem garten,
damit er anders werde,
nach gesetzen des radiogärtners
und des wettbewerbs unter nachbarn,
gräbt einen knollen ein,
damit er anders werde
nach den gesetzen des lichts
und des wettbewerbs unter der erde.

er arbeitet vor seinem haus
und versucht mit dem rasselnden grasmäher
sich aus dem netz zu befreien,
das ihn am morgen fängt
und abends voll stacheln hängt
aus vogelschreien.

er schaufelt zeit in die erde
und aus der zeit wird gras
und aus der blüte die hummel
und aus dem honig die frucht
und aus dem herbst
und aus den herbstzeitlosen
dezember-erde."

Jandl, Ernst: für alle, SL 566, Darmstadt: Luchterhand 1984, S. 13 ff.

2 Getrennt- und Zusammenschreibung

2.1 Fügungen ohne Bindestrich

Claudia wird heiß geliebt

„Beide wollten miteinander bekannt werden, aber sie wussten, es durfte keinesfalls bekannt werden. Nun endlich konnten sie sich kennenlernen und – vielleicht lieben lernen. (Der Duden sagt uns immer genau, was man getrennt und was zusammenschreibt.) „Sie kommen aber recht zeitig!", rief sie und er entgegnete: „Nein, rechtzeitig! Und außerdem hat Ihr Fenster, offen gestanden, so einladend offen gestanden." Drinnen sagte Claudia etwas verlegen: „Wir könnten uns zusammen setzen, was nicht heißt, dass wir uns zusammensetzen müssten. Nein, Sie sollten ruhig da bleiben, wenn Sie dableiben möchten. Denn wenn Sie sich gehen lassen, muss ich Sie leider gehen lassen." Der junge Mann fühlte sich abgewiesen und musste sich noch mehr anhören. „Sie halten mich sicher für leichtfertig, aber mit kleinen Versuchungen werde ich leicht fertig. Wissen Sie, auch ein Torwart kann seinen Kasten nur sauber halten, wenn er die Bälle sauber hält. Ein Mädchen wie ich wird leicht fallen, wenn ihm alle Gunstbeweise leichtfallen." [...] Da sagte er: „Sie habe ich schon lange heiß geliebt." [...] Claudia mochte ihren Besucher und hätte ihn gern an sich festgebunden, wäre er nur nicht schon fest gebunden gewesen. „Ich möchte Sie mir wenigstens warmhalten", sagte sie, und er entgegnete: „Ein gutes Gericht soll man nicht lange warm halten. Wissen Sie, ist eine Verbindung zwischen Menschen erst rechtmäßig, so wird sie bald recht mäßig. Und doch gestehe auch ich, dass ich bei Ihnen gern ein und aus gehen würde." „Mit oder ohne Bindestrich?", fragte sie, und er sagte: „Der Duden schreibt es ohne, damit Sie nicht denken, ich wolle bei Ihnen eingehen." „Ich will mich nur noch frisch machen und das Bett frisch machen", sagte Claudia, „dann können wir auch spazieren gehen und anschließend essen gehen." „Es fällt mir schwerer", seufzte er, „eine Dame freizuhalten als eine Rede frei zu halten. Und überhaupt essen! Wenn wir so weitermachen, müssen Sie noch alle Kleider weiter machen." „Sie haben wohl schon manche Dame sitzen lassen?", fragte sie leise. „Ja", sagte er, „in der Straßenbahn habe ich die Damen immer sitzen lassen." Er verabschiedete sich. „Sehen wir uns nicht, so werden wir aneinander denken; sehen wir uns aber, so werden wir leicht aneinandergeraten. Deswegen weiß ich nicht, ob ich so bald wieder komme. Aber sobald ich wiederkomme, wird es sein wie heute, heiß geliebte Claudia."

Hirsch, Eike Christian: Mehr Deutsch für Besserwisser, 4. Aufl., München: Deutscher Taschenbuchverlag 1993

59 Erläutern Sie die Bedeutungen der Ausdrücke, die E. C. Hirsch getrennt und zusammengeschrieben gegenüberstellt. Überlegen Sie, in welchen Fällen nach der neuen Rechtschreibung Getrennt- und Zusammenschreibung möglich ist.

STICHWORT: GETRENNT ODER ZUSAMMEN

Ob man getrennt oder zusammenschreibt, hängt von der Gesamtbedeutung des Wortes ab. Generell gilt die Betonungsregel:

Wird das 1. Wort betont, schreibt man in einem Wort (zusammen).
Wird das 2. Wort betont, schreibt man in zwei Wörtern (getrennt).

Beispiel:	Er wechselt den **Auto**reifen.	Er wechselt beim Auto **Reifen.**
	Ihr **aufreizendes** Parfum gefiel ihm.	Auf **reizendes** Parfum reagiere ich allergisch.
	Ich werde dich **frei**halten.	Ich werde die Rede frei **halten.**

Man schreibt zusammen, wenn

1. einer der Bestandteile einer Zusammensetzung nicht als selbstständiges Wort vorkommt,

   Beispiele: wissbegierig, wettrennen, fehlgehen usw.

2. die Zusammensetzung einen neuen Begriff ergibt,

   Beispiele: maßregeln (= schelten), gewährleisten (= garantieren), vollbringen (= schaffen)
   auch bei: zuhören (= lauschen), zusehen (= anschauen), zuschließen (= abschließen)

   „zu" ist hier Vorsilbe und gehört zum Verb. Dies erkennt man, wenn man die Verben konjugiert; nämlich: Nicht: „Ich höre", sondern „Ich höre zu". Nicht: „Ich sehe", sondern „Ich sehe zu". Nicht: „Ich schließe", sondern „Ich schließe zu".

3. der erste Bestandteil nicht veränderbar (z. B. steigerungsfähig) ist,

   Beispiele: **ab**ändern, **hinein**gehen, **blau**grau, **grund**ehrlich, **Wochen**lohn, **Außen**politik

4. Grundzahlen unter einer Million und Ordnungszahlen ausgeschrieben werden,

   Beispiele: achtzehn, neunzehnhundertsiebenundneunzig, vierundzwanzigster usw.

5. Zusammensetzungen als Substantiv (Hauptwort) gebraucht werden.

   Beispiele: das Autofahren, das Infragestellen, das Unrechttun usw.

   Erkennungsmerkmal ist der unbestimmte Artikel „das". Also: Auto fahren, aber: das Autofahren.

Man schreibt getrennt, wenn

1. in der Zusammensetzung der erste Bestandteil verändert (z. B. gesteigert) oder erweitert ist,

   Beispiele: bekannter machen, sehr dicht bewachsen, leichter verdaulich usw.

2. der erste Bestandteil ein Partizip, Infinitiv oder Substantiv ist,

   Beispiele: Partizip: gefangen nehmen
   Infinitiv: singen lernen
   Substantiv: Angst haben

3. der erste Bestandteil eine Ableitung von geografischen Namen mit „-er"-Endung ist,

   Beispiele: **Leipziger** Spezialität, **Thüringer** Wald, **Hamburger** Zeitung usw.

4. in der Zusammensetzung der zweite Bestandteil „sein“ ist,
   Beispiele: nötig **sein**, heimisch **sein**, zurück **sein** usw.
5. ein Infinitiv mit „zu“ gebildet wird.
   Beispiele: Ich bitte Sie, **zu gehen**. Ich hörte auf, **zu singen**. Ich bat ihn, hier **zu sein**.

abc ✔

60 Schreiben Sie richtig: zusammen oder getrennt?

a *zu/lassen – Es ist besser, dies* ____________________.

b *zu/zu/lassen – Es ist besser, dies* ____________________.

c *zu/sehen – Es war nichts* ____________________.

d *zu/zu/sehen – Es war ihm nicht möglich,* ____________________.

e *wieder/gut/gemacht – Das hast du mal* ____________________.

f *wieder/gut/machen – Das kannst du gar nicht* ____________________.

g *wieder/hergestellt – Der Artikel wird* ____________________.

h *wieder/hergestellt – Das Gebäude wird* ____________________.

i *wieder/sprechen – Du sollst nicht schon* ____________________.

j *wider/sprechen – Du sollst nicht* ____________________.

k *gut/geschrieben – Die Zahlen auf dem Scheck waren nicht* ____________________.

l *gut/geschrieben – Der Betrag wird Ihrem Konto* ____________________.

m *aufrecht/gehen – Durch den Torbogen können Sie ruhig* ____________________.

n *aufrecht/erhalten – Die Produktion muss* ____________________ *werden.*

61 Bilden Sie je einen Satz und erläutern Sie die Unterschiede in der Schreibweise.

a *zu billigen* ____________________

b *zubilligen* ____________________

c *zu sichern* ____________________

d *zusichern* ____________________

e *zu geben* ____________________

f *zugeben* ____________________

g *zu kommen* ____________________

h *zukommen* ____________________

62 Bilden Sie je einen Satz, in dem zusammen und getrennt geschrieben werden muss.

a *wieder/geben*

b *klar/werden*

c *gleich/kommen*

d *sicher/gehen*

e *zusammen/tragen*

63 Beachten Sie die Stellung von „zu" beim Infinitiv und bilden Sie je einen Beispielsatz.

a *zu bleiben*

b *zu unterbleiben*

c *wegzubleiben*

d *zu zögern*

e *zu verzögern*

f *hinauszuzögern*

g *zu stimmen*

h *zu überstimmen*

i *übereinzustimmen*

64 Unterstreichen Sie die richtige Schreibweise und geben Sie eine schriftliche Begründung.

a *ein überaus furchterregender Mensch*
ein überaus Furcht erregender Mensch
ein überaus furcht erregender Mensch

Begründung:

____

____

____

b *leichtverständliche Texte*
leicht verständliche Texte

Begründung:

____

____

____

c *Die bereit gestellten Mittel reichten nicht aus.*
Die bereitgestellten Mittel reichten nicht aus.

Begründung:

____

____

____

d *Nach jahrelangem Suchen fand er ein Bild, das ihm zusagte.*
Nach Jahre langem Suchen fand er ein Bild, das ihm zusagte.

Begründung:

____

____

____

e *Ich möchte den Stuhl auseinanderklappen.*
Ich möchte den Stuhl auseinander klappen.

Begründung:

____

____

____

2.2 Fügungen mit Bindestrich

STICHWORT: BINDESTRICH

Durch den Gebrauch des Bindestrichs soll die Lesefreundlichkeit eines Textes erhöht werden. In einigen Fällen kann, in anderen muss ein Bindestrich eingefügt werden.

Ein Bindestrich steht

1. bei Aneinanderreihung mehrerer Bestimmungswörter zu einem substantivierten Infinitiv,	das Für-sich-Haben-Wollen, zum Aus-der-Haut-Fahren
2. bei Aneinanderreihungen und Zusammensetzungen mit Wortgruppen,	Ost-West-Gespräche, Rhein-Main-Flughafen, Magen-Darm-Grippe
3. bei Zahlen, Ziffern und Abkürzungen,	45-kW-Motor 8-Tonner pH-Wert dpa-Meldung ev.-luth.
(Vor Nachsilben steht nur dann ein Bindestrich, wenn sie mit Einzelbuchstaben verbunden werden.)	n-fach, das x-te Mal, 5-mal(ig) aber: 32stel, 5%ig
4. zur Vermeidung von Wiederholungen.	ein- und aussteigen Druck-, Schreib- und Packpapier

Ein Bindestrich <u>kann</u> stehen, wenn

1. die Zusammensetzungen unübersichtlich sind,	Haftpflicht-Versicherungs-Gesellschaft Umsatzsteuer-Tabelle Leichtathletik-Länderkampf
2. einzelne Bestandteile der Zusammensetzung hervorgehoben werden sollen (auch bei Farben),	Ich-Sucht Goethe-Institut Schwarz-Weiß-Film
3. Missverständnisse möglich sind,	Druckerzeugnis Druck-Erzeugnis Drucker-Zeugnis
4. drei gleiche Buchstaben zusammentreffen.	Kaffee-Ersatz Hawaii-Inseln Schiff-Fahrt

65 Ordnen Sie die Nummern der unten stehenden Begriffe in die folgende Tabelle ein.

a *jugendsymphonieorchester*
b *embargoundboykottmaßnahmen*
c *zweiprozentpunkte*
d *ardsportschau*
e *eheidylle*
f *blumenschmidt*
g *hydrokultur*
h *nachtragshaushaltssatzung*
i *neofaschisten*
j *sauerstoffflasche*
k *römischkatholischekirche*
l *westjordanland*
m *krebsfrüherkennungsuntersuchungen*
n *zollfahndungsamt*
o *defactoregierungslosigkeit*
p *veterinärmedizinischesinstitut*
q *sozialliberalekoalition*
r *leichtathletikvereinsmeisterschaften*
s *dina3bogen*
t *freipraktizierendermediziner*
u *bayerischthüringischegrenze*
v *arbeitsplatzbeschaffungsprogramm*
w *trimmdichraum*
x *bausparzwischenfinanzierungsprogramm*
y *nutzfahrzeughersteller*
z *notenbankgouverneure*
aa *wirtschaftsundfinanzkrise*
ab *30jahrfeier*
ac *genusssucht*
ad *hifistereo*
ae *freizeitundbademoden*
af *motorradlederhandschuh*
ag *sommerhaussiedlung*
ah *arbeitslosenquote*
ai *ostjerusalem*
aj *luftfahrtbundesamt*
ak *schickerialokal*
al *oscarpreisträger*
am *hundertprozentig*
an *nahostfriedensinitiative*
ao *blaugrün*
ap *juniorennationalmannschaft*
aq *fachwerkhaus*
ar *jazzgymnastikgruppe*
as *weltwährungskonferenz*
at *palmenpromenade*
au *ubahnlinien*
av *herzogaugustbibliothek*

ohne Bindestrich	mit Bindestrich	beide Möglichkeiten

ohne Bindestrich	mit Bindestrich	beide Möglichkeiten

66 Überprüfen Sie, ob die Bindestriche in der Werbeanzeige richtig gesetzt sind.

Turbinen-Staubsauger Centrixx Magnum M 2889

Elektronische Saugkraftregulierung,
auswaschbarer Lamellen-Zentralfilter,
Hygiene-Abluftfilter,
Motorschutzfilter,
Chrom-Raster-Teleskoprohr,
inkl. Zubehör

99,95 €

Induktionskochplatte IK 18

Timer, LED-Anzeige, elektronischer Überhitzungs-schutz, mehrstufige Temperatureinstellung

34,95 €

Kühl-/Gefrierkombination KG 272

249 Liter Nutzinhalt,
Abtauautomatik im Kühlteil,
Energie-Verbrauch: 308 KWh/Jahr
Maße: H 163,8 x B 54,5 x T 60 cm

149,00 €

DK Digital 5.1-Heimkino-Lautsprechersystem AS20

aktives 5.1-System, bestehend aus 2 Front-, 2 Rear-,
1 Center-Lautsprecher, 1 Active-Subwoofer,
IR-Fernbedienung

35,95 €

2.3 Schreibung von Wochentagen und Tageszeiten

STICHWORT: WOCHENTAGE UND TAGESZEITEN

Wochentage und Tageszeiten können als Substantiv – und damit großgeschrieben – oder als Adverb – und damit kleingeschrieben – auftreten.

Wochentage

schreibt man groß,
wenn sie als Substantiv gebraucht werden.

Beispiele: Montag, Dienstag

schreibt man klein,
wenn sie als Adverb gebraucht werden.

montags, dienstags

Tageszeiten

schreibt man groß
als Substantiv mit Begleiter,

Beispiele: der Morgen/gegen Abend
in der Frühe
jeden Mittag
diesen Abend

schreibt man groß
in bestimmten Wendungen.

heute/gestern/morgen Abend
es wird Abend
zu Abend essen
einen guten Morgen wünschen
um Mitternacht

schreibt man klein (auch bei
zusammengesetzten Ausdrücken) als Adverb,

morgens, abends
morgensfrüh
spätabends

Wochentage und Tageszeiten

schreibt man zusammen.

Montagmorgen
Montagmorgens

schreibt man getrennt.

montags morgens

Weitere Zeitangaben

schreibt man klein als Adverbien.

heute/morgen
gestern/vorgestern

67 Groß- oder Kleinschreibung?
Tragen Sie die Anfangsbuchstaben ein.

a *Ich habe ____orgens ebenso wenig Zeit wie ____ittags. Nur ____bends bin ich frei.*

b *Er sieht regelmäßig ____achmittags fern.*

c *Nach Möglichkeit sollte man bereits ____ormittags einkaufen.*

d *Berufstätige arbeiten in der Regel von ____ontag bis ____reitag.*

e *Am ____amstag und ____onntag genießt man das Wochenende.*

f *Der ____orgen ist die schönste Tageszeit.*

g *Er geht am ____bend immer schon früh ins Bett.*

h *Wenn man von ____ontags bis ____reitags in der Schule gesessen hat, muss man am ____amstagabend einfach etwas unternehmen.*

i *Die Busse und Bahnen sind ____ontags früh so überfüllt wie immer ____rühmorgens.*

j *Er fragte sie jeden ____orgen, ob sie mit ihm zu ____bend essen wolle.*

k *Immer gegen ____ittag beruhigt sich der Straßenverkehr ein wenig.*

l *Wer ____ontags ____orgens nicht gern aufsteht, freut sich auf jeden ____orgen eines ____eiertages.*

m *Ich werde dich ____orgen ____rüh besuchen und nicht erst ____reitag ____orgen.*

n *Ich habe heute drei Mahlzeiten zu mir genommen, und zwar ____eute ____orgen, ____eute ____ittag und ____eute ____bend.*

o *Du wirst ____orgen ____bend erwartet, wie man dir ____estern ____ittag mitteilte.*

p *Das gilt nicht erst seit ____estern.*

q *Der Termin ist von ____eute auf ____orgen verschoben worden.*

r *Die Arbeitszeit der Bäcker geht von fünf Uhr _____orgens bis in den _____achmittag hinein.*

s *Das Fest findet am ____achmittag des verkaufsoffenen ____onntags statt.*

t *Besonders am ____reitag ____achmittag und am ____amstag ____ormittag werden kilometerlange Staus erwartet.*

68 Tragen Sie die in Großbuchstaben geschriebenen Zeitangaben in Normalschrift in die Lücken ein. Entscheiden Sie dabei zwischen groß und klein sowie zusammen und getrennt (-).

a *JEDEN(-)MORGEN – Wir erwarten von allen Mitarbeitern unserer Unternehmensgruppe, dass sie ______________________________ pünktlich erscheinen.*

b *GEGEN(-)MITTAG, SPÄT(-)ABENDS – Die Firma erwartet den Anruf des Außendienstmitarbeiters ______________________________ und nicht erst ______________________________.*

c *ALLTAGS, MORGENS(-)FRÜH, ABEND, NACHT – Wer ____________________,*

____________________ das Treiben in den Straßen einer Großstadt sieht, kann sich kaum vorstellen, wie menschenleer die Straßen werden, wenn es ____________________ wird und wenn die ____________________ hereinbricht.

d *DIENSTAG(-)MORGEN, FREITAG(-)ABEND – Am ____________________, als die Sekretärin die Post durchsah, entdeckte sie die Einladung für den kommenden ____________________, die an sie persönlich gerichtet war.*

e *MORGEN(-)ABEND – Ich muss Ihnen mitteilen, dass die Sitzung des Aufsichtsrats auf ____________________ verlegt worden ist.*

f *DIENSTAGS(-)MITTAGS – Wir werden uns in den nächsten Wochen im Clubraum des Restaurants „Goldene Kugel“ stets ____________________ treffen.*

g *GEGEN(-)ABEND, NACHT – Als er ____________________ die Gesellschaft verließ, wünschte er allen eine gute ____________________.*

h *MORGENS, GEGEN(-)MITTAG, ABEND – Er traf sie bereits ____________________, ____________________ waren sie schon zu unzertrennlichen Freunden geworden, doch am ____________________ trennten sie sich im Streit.*

i *HEUTE(-)MORGEN, GESTERN – Bei seinem Handeln muss man daran denken, dass ____________________ ____________________ schon ____________________ ist.*

j *MORGEN(-)FRÜH, SPÄT(-)ABENDS – Die Konferenz beginnt ____________________ ____________ und endet voraussichtlich erst ____________________.*

k *ABEND, FREITAGS, FREITAGS – Am ____________________ eines jeden ____________________ geht sie aus, obwohl sie ____________________ eigentlich müde von der Arbeit der Woche sein müsste.*

l *HEUTE, MORGEN – Ich habe ____________________ Ihr Angebot erhalten und werde wahrscheinlich bereits ____________________ eine Bestellung aufgeben.*

m *MORGEN, GEGEN(-)MORGEN, MITTAGS, MORGEN, FREITAG, ABENDS – Es wäre sehr nett, wenn Sie Ihre Arbeit ________________ bereits ___________________________ beginnen könnten und nicht erst ____________________, denn Sie wissen ja, dass __________ __________________________ ist. Sie hätten dann _________________ eher frei.*

n *HEUTE(-)ABEND, DIENSTAG(-)ABEND – Ausgerechnet _________________________ habe ich keine Zeit. Versuchen Sie es doch ___________________________________.*

o *MONTAG(-)MORGEN, FREITAG(-)MORGEN – Von ____________________________ bis ____________________________ ist das Aufstehen für die meisten eine Qual.*

p *SAMSTAG(-)MORGEN, SONNTAG(-)MORGEN, MITTAG – Viele Menschen verzichten am _____ ______________________ und am ____________________________ ganz aufs Aufstehen und verschieben das Frühstück bis zum ________________________.*

q *HEUTE, MORGEN(-)FRÜH, MORGEN(-)MITTAG – Ich schicke Ihnen das Prospektmaterial noch __________________ zu, damit Sie es bereits ___________________________ ________, spätestens aber __________________________ in Händen halten können.*

r *MORGENS – Die Umfrage eines Meinungsforschungsinstituts hat ergeben, dass viel zu viele Menschen ______________________ nicht oder nicht ausreichend frühstücken.*

s *MITTWOCHS, JEDEN(-)MITTWOCH – Sie arbeitet immer nur ____________________, dafür aber ___________________________________.*

t *NACHTS, NACHTS – Das Fahren des ____________________ auf Landstraßen ist nicht ganz ungefährlich, weil ____________________ häufig Tiere die Straßen überqueren.*

u *NACHTS, MORGEN – An vier in der Innenstadt geparkten Autos zerstörten Unbekannte ______________________ die Reifen. Entdeckt wurde diese grobe Sachbeschädigung laut Polizeibericht am ______________________.*

2.4 Schreibung von Straßennamen

STICHWORT: STRASSENNAMEN

Straßennamen sind sehr häufig aus verschiedenen Wörtern zusammengesetzt. Sie bestehen zumeist aus einem Grundwort und einem Bestimmungswort.

Beispiele: Schlossallee, Hochgasse, Hamburger Weg, Heumarkt.

Die Rechtschreibung hängt vom Bestimmungswort ab.

1. **zusammen** – wenn das Bestimmungswort nicht flektiert ist,
   Fallerslebenstraße
   Hochgasse
2. **getrennt** – wenn das Bestimmungswort flektiert ist,
   Fallerslebener Straße
   Hohe Gasse

3. **getrennt**
   Am Hohen Ufer
   Bei den Drei Eichen

   – wenn das Bestimmungswort aus einer Präposition und einem Adjektiv oder Numerale besteht, wobei Adjektiv und Numerale großgeschrieben werden,

4. **mit Bindestrich**
   Hoffmann-von-Fallersleben-Straße
   Kaiser-Wilhelm-Platz

   – wenn das Bestimmungswort aus einem mehrteiligen Namen oder einem Begriff besteht.

69 Ordnen Sie die Straßennamen den Regeln zu. Unterstreichen Sie das Bestimmungswort.

a	*albrechtdürerstraße*	*b*	*amgrünenanger*	*c*	*lupinenweg*
d	*friedrichliststraße*	*e*	*hamburgerallee*	*f*	*jungfernstieg*
g	*finkenwerderstraße*	*h*	*bahnhofstraße*	*i*	*flurkamp*
j	*steilegasse*	*k*	*mühlenbach*	*l*	*südweg*

Regel 1:

____

____

____

____

____

Regel 2:

____

____

____

____

____

Regel 3:

____

____

____

____

____

Regel 4:

____

____

____

____

____

____

70 Ergänzen Sie „Straße" und tragen Sie den Namen in die Tabelle ein.

Straßennamen –	*zusammen*	*oder*	*getrennt?*
a *Schäfer*			
b *Bonhoeffer*			
c *Heidelberger*			
d *Wittelsbacher*			
e *Rudolf Steiner*			
f *Kannegießer*			
g *Theodor Körner*			
h *Trierer*			
i *Gabelsberger*			
j *Von Ketteler*			
k *Eisenbahner*			
l *Ober*			
m *Dürer*			
n *Heer*			
o *Ludolfinger*			
p *Heidelbeer*			

2.5 Silbentrennung

STICHWORT: SILBENTRENNUNG

Grundsätzlich gilt: Silbentrennung sollte nur ausnahmsweise erfolgen, und zwar nach den folgenden Gesetzmäßigkeiten.

1. **Wörter werden nach ihrem Klang getrennt.**

   Beispiele: Pä-da-go-ge (auch: Päd-ago-ge), Au-to-bahn, vor-le-sen, Re-gen-trop-fen, Stra-ße
2. **ch, ck, sch bleiben ungetrennt.**

   Beispiele: Bü-**ch**er, Zu-**ck**er, Fla-**sche**
3. **Doppellaute ai, au, äu, ei, eu, ie, oi bleiben ungetrennt.**

   Beispiele: **Kai**-ser, **Trau**-be, **Räu**-ber, **ei**-nig, **Eu**-le, **Wie**-se, **Boi**-ler
4. **Nicht** abgetrennt werden Einzelvokale am Wortanfang und -ende.

71 Silbentrennung als Spielerei. Lösen Sie das Rätsel.

bör – bour – che – che – di – et – eti – geois – gung – kett – kün – li – ma – mech – prä – pres – pu – re – se – se – senz – ta – te – tech – tel – tel – tion.

a *Beendigung eines Vertragsverhältnisses*

b *guter Ruf, Ansehen*

c *wohlhabender, satter Bürger*

d *Gebäude zur Abhaltung eines regelmäßigen Marktes für Wertpapiere*

e *Zettel mit Preisaufschrift*

f *einige, mehrere*

g *Buschmesser*

h *Gegenwart, Anwesenheit*

i *Zeitungswesen*

j *Liebelei*

72 Trennen Sie so oft wie möglich.

a	draußen	______	j	Diskothek	______
b	lauschig	______	k	Bettelei	______
c	worunter	______	l	vorüber	______
d	abermals	______	m	Korrespondent	______
e	Schifffahrt	______	n	Bestellliste	______
f	Magistrat	______	o	Akzent	______
g	Balkon	______	p	reißen	______
h	Diplom	______	q	Elster	______
i	neutral	______	r	schrumpfen	______

73 Trennen Sie die Wörter.

Übersicht Kursprogramm

Gesellschaft und Leben

Vorträge der Universitäts-Gesellschaft
Gesellschaft und Psychologie
Länder- und Heimatkunde
Studienreisen
Geschichte
Natur und Technik

Beruf und Karriere

Bewerbung
Berufliche Orientierung
Gesundheit und Beruf
Kommunikation und Organisation
Berufssprachkurse Deutsch
Xpert Business Betriebswirtschaft
Smartphone-Kurse für Senioren
iPhone- und iPad-Kurse für Senioren
Computer-Kurse für Senioren
Tastaturschreiben
Computer-Grundkurse
Linux
MacBook/iPhone von Apple
Office Programme
Textverarbeitung
Tabellenkalkulation
Präsentation
Internet
Fotografie/Bildbearbeitung
Layout/Grafik

Sprachen und Verständigung

Deutschkurse ohne BAMF-Förderung
Deutsch – Intensiv- und Integrationskurse (BAMF)
Deutsch Berufssprachkurse
Dänisch
Englisch A 1 – A 2
Englisch B 1 – C 1
Französisch
Italienisch
Japanisch
Neugriechisch
Norwegisch
Russisch
Schwedisch
Spanisch A 1
Spanisch A 2 – B 2

Gesundheit und Fitness

Entspannung und Körpererfahrung
Yoga
Fünf Tibeter/Qi Gong/Tai Chi
Rückenfitness
Wassergymnastik/Aquafitness
Fitness/Step-Aerob./Pilates/
Schwertkampf
Reiten/Tennis/Golf
Tanz
Kreative Küche
Pflege Körper und Seele
Erste Hilfe Kurse

Kultur und Gestalten

Kunstgeschichte
Künstlerisches Gestalten
Kunsthandwerkliches Gestalten
Literatur und Theater
Fotografie
Musik
Textiles Gestalten

Spezial

Hauptschulabschluss
Kurse für Kinder und Jugendliche
Sommerakademie
Dozententreffen

Ellerbek

Theaterfahrten
Smartphone-Kurse in Ellerbek
Sprachkurse in Ellerbek
Yoga- & Entspannungskurse in Ellerbek
Aqua-Gymnastik-/Wassergymnastikkurse Ellerbek
Schwimmkurse für Kinder in Ellerbek

http://www.vhs-pinneberg.de/index.php?id=212 abgerufen am 20.05.2019

3 Grammatik: Satzglieder

STICHWORT: SATZTEILE UND IHRE VERKETTUNG

Sätze können aus vier Bausteinen, den „Satzgliedteilen", bestehen. Die vier Satzglieder sind allerdings nicht gleichrangig, sondern hierarchisch strukturiert.

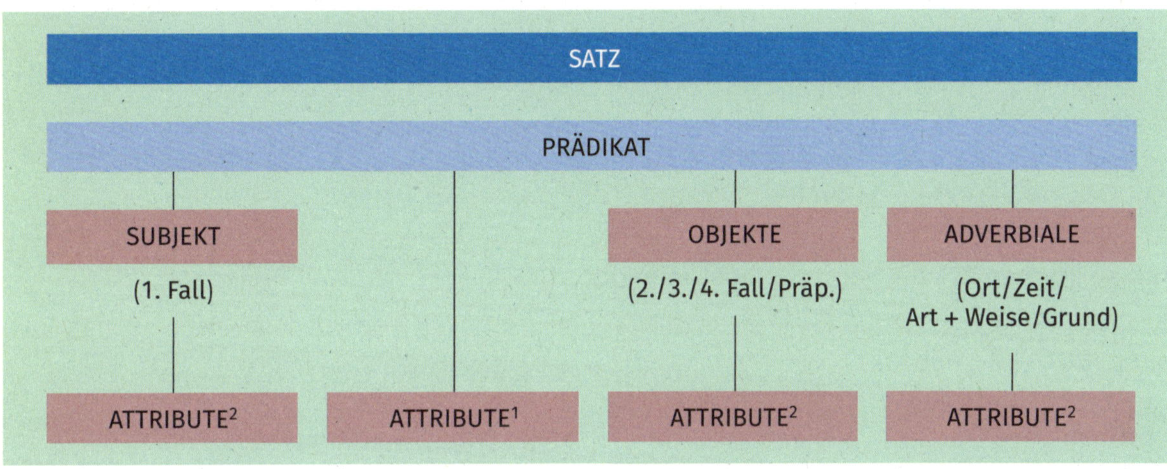

Prädikat: Das wichtigste Satzglied ist das Prädikat (Satzaussage). Das Prädikat wird durch die Wortart „Verb" oder „Hilfsverb" mit einer Ergänzung gebildet. Das Prädikat steuert den Aufbau eines Satzes.

Subjekt und Prädikat: Jeder grammatisch vollständige Satz besteht mindestens aus den Satzgliedern Subjekt und Prädikat. Beide Satzglieder bilden eine Einheit. Sie stimmen im Numerus (Zahl) und im Genus (Geschlecht) überein.

SUBJEKT	PRÄDIKAT
Ich	schreibe.
Das Gebäude	wird restauriert.

Objekt: Die Anzahl und Art der Objekte (Genitiv-, Dativ-, Akkusativ-, Präpositionalobjekt), die der jeweilige Satz benötigt, hängen von der Wortart Verb im Satzglied Prädikat ab.

		OBJEKTE	
Ich	schreibe	dir	einen Brief.
Ich	beschuldige	dich	der Tat.

An der Kirche Sagrada Familia in Barcelona wird seit 1882 gebaut.

---

[1] Werden Attribute zu einem Prädikat gebildet, stehen sie als Ergänzung eines Substantivs im Prädikatsnomen.

[2] Das Attribut ist als Erweiterung seines Bezugswortes, also eines Nomens, Adjektivs oder Adverbs, kein Satzglied, sondern ein Satzgliedteil. Das Attribut kann je nach Stellung des Bezugswortes ein Teil des Subjekts, Prädikats, Objekts oder des Adverbials sein.

Adverbiale: Adverbiale Bestimmungen können als Satzglied hinzukommen.

	ADVERBIALE	
Ich schreibe dir	aus Hamburg.	
Das Gebäude wird	im Frühjahr	restauriert.
Das Gebäude wird	sorgfältig	restauriert.
Das Gebäude wird	wegen Baufälligkeit	restauriert.

Attribute: Das Attribut bestimmt die Wortart Substantiv innerhalb der Satzteile Subjekt, Objekt, adverbiale Bestimmung näher.

Attribute können als Adjektiv ihrem Bezugswort vorangestellt oder als flektiertes Substantiv ihrem Bezugswort nachgestellt werden.

		ATTRIBUT	
Ich schreibe	dir einen	langen	Brief.
Das	Gebäude	des Amtsgerichts	wird restauriert.
Das	Gebäude	am Markt	wird restauriert.
Die Stadt restauriert	am Markt das	denkmalgeschützte	Gebäude.

Und so können Sie die Satzteile bestimmen:

Da zu jedem Satzteil bestimmte Fragewörter gehören, ist es nicht schwer, die verschiedenen Teile eines Satzes zu ermitteln.

Satzteil	Fragewort
Subjekt	wer?/was?
Objekt – Genitiv-Objekt – Dativ-Objekt – Akkusativ-Objekt – Präpositionalobjekt	 wessen? wem? wen? auf wen?/worauf? an was?/woran? vor was?/wovor? nach was?/wonach?
Adverbiale Bestimmungen – des Ortes – der Zeit – der Art und Weise – des Grundes	 wo?/wohin? wann?/wie lange? wie? warum?/weshalb?
Attribut	was für ein?

74 Bestimmen Sie das Prädikat.

Es war einmal ein Fischer. Der wohnte mit seiner Frau in einer kleinen Hütte am Meeresstrand. Der Fischer angelte Tag für Tag. Einmal saß er wieder im Boot. Die Angel ging ihm tief in den Grund. Er hatte einen großen Butt gefangen. Der sprach zu ihm: „Bitte, lass mich leben, Fischer. Ich will dir auch drei Wünsche erfüllen."

(frei nach Brüder Grimm)

75 Bestimmen Sie Subjekt und Prädikat.

„Ein Familienvater schreibt einen Abschiedsbrief, dann steigt er auf einen Hocker und erhängt sich. So geht das Grauen los. „**Dark**" erzählt von vier Familien in der deutschen Provinz, deren Schicksal auf rätselhafte Weise verknüpft ist. Regisseur Baran bo Odar und Drehbuchautorin Jantje Riese inszenieren diese erste deutsche Serienproduktion im Auftrag von Netflix als ein düsteres, raffiniertes Mystery-Drama, in dem das Böse dem Zuschauer immer über die Schulter schaut."

Stern, Nr. 49, 30.11.2017, S. 114.

„Während mancher Deutsche noch Jamaika nachtrauert, geht der profilierte Literaturexperte Rainer Wieland den anderen Weg. Er versammelt Texte ausländischer Prominenz über die Exotik unserer Heimat. In **seinem „Buch der Deutschland-Reisen"** kurt Mary Shelley in Bad Kissingen, Mark Twain bummelt am Neckar, Thomas Wolfe besucht das Oktoberfest und Virginia Woolf Bayreuth. Ein historischer Reiseführer zum Schmökern und Sinnieren, auch für Politiker gut geeignet."

Stern, Nr. 49, 30.11.2017, S. 117.

(Propyläen, 48 Euro)

Die Geigerin sagt, sie sei nach diesen Aufnahmen körperlich ausgelaugt gewesen. Ohne Zweifel hat sich Arabella Steinbacher zwei Werke ausgesucht, die als kompliziert gelten: die Violinkonzerte von Benjamin Britten und Paul Hindemith, beide aus dem Jahr 1939. Hindemiths Musik zählte in Nazideutschland zu „entarteter Kunst“, der Komponist war längst im Exil. Auch Britten hatte die englische Heimat in Erwartung eines Krieges verlassen. Beiden Stücken ist diese weltpolitische Spannung anzuhören. Steinbacher aber spielt sie mit großer – hart erarbeiteter – Leichtigkeit. Wir lauschen gerührt.

Stern, Nr. 49, 30.11.2017, S. 116.

76 Bestimmen Sie Subjekt und Prädikat. Welche Rolle spielt das Komma?

Der undressierte Mann

77 Bestimmen Sie in der Stellenanzeige die Satzteile.

Wir sind in der Verkehrssicherheitstechnik tätig und mit 850 Mitarbeitern das führende Unternehmen dieser Branche mit dem Stammwerk und der Hauptverwaltung in Gaggenau. Verteilt über die Bundesrepublik betreiben wir Zweigwerke. Wegen Erreichung der Altersgrenze wird in unserem Werk Nienburg/Weser die der Geschäftsführung direkt unterstellte Position des

GEBIETS- UND WERKLEITERS

frei. Der Gebietsleiter ist zugleich Repräsentant unseres Unternehmens im norddeutschen Raum. Als Werkleiter ist ihm der Betrieb, als Gebietsleiter Verkauf und Außendienst unterstellt. Nach unseren Vorstellungen sollte der Bewerber ca. 40 Jahre alt sein und über langjährige Erfahrungen in vertrieblichen Führungspositionen und im Marketing verfügen.

Für die Steuerung des Betriebes ist ein Betriebsleiter vorhanden.

Es erwartet den Interessenten eine Position mit großem Gestaltungsspielraum in einem diversifizierten mittelständischen Familienunternehmen mit klaren Zielsetzungen für die Zukunft, die mit Prokura ausgestattet ist. Bewerber, die an einer gutdotierten, zukunftssicheren Daueranstellung interessiert sind, richten die Bewerbungsunterlagen mit handgeschriebenem Lebenslauf direkt an das Sekretariat der Unternehmensleitung.

4 Zeichensetzung

ÜBERSICHT: KOMMAREGELN

Kommas werden nach drei Prinzipien gesetzt:

1. **Das Prinzip der Aufzählung:**
   wenn Sätze, Satzteile oder Wörter aufgezählt werden
2. **Das Prinzip der Hervorhebung:**
   wenn bestimmte Satzteile hervorgehoben werden
   - als Apposition
   - als Datums-, Zeit- und Ortsangabe
   - als nachgestellte Erläuterung
   - als vorangestellte Anrede, Ausruf
3. **Das Prinzip der Satzverbindung:**
   wenn bestimmte Satzteile hervorgehoben werden
   - wenn Sätze aneinandergereiht oder miteinander verknüpft werden
   - Hauptsatz-Verbindungen
   - Hauptsatz-Nebensatz-Verbindungen
     - vollständiger Nebensatz
     - unvollständiger Nebensatz wie
       a erweiterter Infinitiv
       b erweitertes Partizip
     - Schachtelsätze

4.1 Das Prinzip der Aufzählung

PROBLEM
ABFÄLLE
AUS HAUSHALTEN GEHÖREN
NICHT

IN ABFALLBEHÄLTER

ODER TOILETTEN!

Deshalb:
Kostenlose Annahme

von Problemabfällen aus Haushalten, wie Farben- und Lackreste, Verdünner, Säuren, Pflanzen- und Holzschutzmittel, Medikamente, Altöle, Altbatterien, Rostschutzmittel, Spraydosen sowie sonstige Chemikalien aus Haushalt und Hobbybereich auf der Städtischen Abfalldeponie in Watenbüttel sowie an jedem ersten Sonnabend im Monat auf dem Städtischen Betriebshof, Taubenstraße 8.

Annahmezeiten

Deponie Watenbüttel
mo bis fr 7.00–15.30 Uhr
sa 7.00–12.00 Uhr

Städtischer Betriebshof
Taubenstraße 8 · Jeder erste Sonnabend im Monat
8.00–12.00 Uhr

“ ”

78 Erklären Sie die Zeichensetzung.

STICHWORT: AUFZÄHLUNG

Alle Elemente einer Aufzählung müssen einem Satzteil angehören, d.h. „gleichartig“ sein. Aufgezählt werden können:

Subjekte
Hannover, Düsseldorf und Köln sind bekannte Messestädte.

Prädikate
In Bad Salzuflen kann man kuren, spazieren gehen und gut essen.

Objekte
Die Veranstaltungen umfassten Vorträge, Filmvorführungen und Diskussionen.

adverbiale Bestimmungen
Morgens, mittags und abends saß er am Computer.

Attribute
Minutenlanger, begeisterter Applaus belohnte die Akteure.

Für die Aufzählung von gleichartigen Satzteilen gibt es folgende Möglichkeiten:

unverbunden – mit Komma:
Die Ems, die Weser, die Elbe münden in die Nordsee.

verbunden – mit Komma:
Nicht nur die Ems und die Weser, sondern auch die Elbe münden in die Nordsee. Die Ems und die Weser, aber auch die Elbe münden in die Nordsee. Er liebt einerseits das Kino, andererseits das Theater. Er liebt das Kino, aber nicht das Theater. Teils ist die Arbeit erledigt, teils wird sie in Angriff genommen.

verbunden – ohne Komma:
Die Ems und die Weser sowie die Elbe münden in die Nordsee. Sowohl die Ems als auch die Weser münden in die Nordsee. Er geht weder ins Kino noch ins Theater. Er geht entweder ins Kino oder ins Theater.

KOMMAREGEL

Die Elemente einer Aufzählung werden durch Komma getrennt,
- wenn keine verbindenden Konjunktionen vorhanden sind,
- wenn Konjunktionen einen Gegensatz betonen:
  ..., aber; nicht nur ..., sondern auch; teils ..., teils; einerseits ..., andererseits

Kein Komma steht,
- wenn Elemente einer Aufzählung durch Konjunktionen verbunden sind, wie *und, oder, sowie, wie, sowohl ... als auch, entweder ... oder, beziehungsweise, anstatt,*
- wenn die Attribute (Adjektive), z.B. Farben oder von geografischen Bezeichnungen abgeleitete Wörter, mit dem Substantiv eine enge Verbindung eingegangen sind. In diesem Fall lassen sich die aufgezählten (attributiven) Adjektive nicht vertauschen, und es kann kein „und“ eingefügt werden.

79 Zwischen welchen attributiven Adjektiven muss ein Komma stehen?

a	*ein*	*schwieriges*	*technisches*	*Problem*
b	*eine*	*moderne*	*hoch rationalisierte*	*Produktion*
c		*moderne*	*programmgesteuerte*	*Arbeitsgeräte*
d		*komplexe*	*ökonomische*	*Situationen*
e		*langjährige*	*medizinische*	*Forschung*
f	*ein*	*fröhliches*	*glückliches*	*Weihnachtsfest*
g	*ein*	*bekanntes*	*chinesisches*	*Restaurant*
h		*interessierte*	*kapitalkräftige*	*Betriebe*
i		*unmittelbare*	*politische*	*Gefahr*
j	*eine*	*fundierte*	*verständliche*	*Darstellung*
k		*wichtige*	*religiöse*	*Motive*
l	*unser*	*aktuelles*	*günstiges*	*Angebot*
m		*mündige*	*verantwortungsvolle*	*Verkehrsteilnehmer*
n	*eine*	*konstruktive*	*loyale*	*Zusammenarbeit*
o		*starke*	*regionale*	*Unterschiede*
p		*große*	*gesellschaftliche*	*Probleme*
q		*gefälschte*	*deutsche*	*Papiere*
r		*hochwertige*	*elektronische*	*Waren*

80 Aufzählung? Setzen Sie die Kommas.

a	*unternehmungslustige*	*fröhliche*	*interessierte*	*Menschen*
b	*ein witziger*	*charmanter*	*intelligenter*	*Mann*
c	*kunstvoll*	*geschliffene*	*aparte*	*Vasen*
d	*eine erkennbar*	*schlechte*	*gesundheitliche*	*Verfassung*
e	*eine vertraglich*	*geregelte*	*praktische*	*Lösung*
f	*eine langstielige*	*rote*		*Rose*
g	*eine freundschaftliche*	*sachliche*	*kompromissbereite*	*Atmosphäre*
h	*eine eigenbrötlerische*	*originelle*		*Existenz*

81 Mit oder ohne Komma?

a *Heftige lebhafte Wortgefechte sind die Würze jeder Diskussion.*

b *Kommunalpolitiker wünschen sich eine gesunde finanzielle Struktur ihrer Gemeinden.*

c *Die einstündige öffentliche Podiumsdiskussion wurde von zahlreichen Zuschauern verfolgt.*

d *Der Redner ging auch auf die guten geschäftlichen Beziehungen zu dieser Firma ein.*

e *Die zinsbewussten privaten Sparer legen ihr Geld in festverzinslichen Wertpapieren an.*

f *Den Pullover gibt es in vielen modischen Trendfarben.*

g *Das Unglück ereignete sich bei trübem regnerischem Wetter.*

h *Der schnelle wendige trickreiche Stürmer spielte mit und ließ die langsame gegnerische Abwehr schlecht aussehen.*

i *Der knappe glückliche Sieg der Heimmannschaft war letztlich verdient.*

82 Unterstreichen Sie die Konjunktionen und setzen Sie die Kommas.

a *Ich verbringe meine Ferien entweder an der See oder im Gebirge.*
b *Ich kaufe lieber im Supermarkt beziehungsweise im Warenhaus als in Boutiquen.*
c *Dort wird viel Theorie gelehrt aber wenig Praxis.*
d *Treffpunkt ist nicht der Marktplatz sondern der Burgplatz.*
e *Jeweils einen Kundendienstberater gibt es sowohl im Innen- als auch im Außendienst.*

83 Setzen Sie die Kommas und unterstreichen Sie die Konjunktionen.

a *Erscheinungsbild Freundlichkeit und Hilfsbereitschaft des Personals*
b *Die Fachmesse wird von einem internationalen Kongress sowie von zahlreichen Seminaren und Workshops begleitet.*
c *Im kommenden Jahr werden Experten unter anderem aus den Bereichen Wirtschaft Medizin Sport Jugend und Kultur die Voraussetzungen für gute Kontakte schaffen.*
d *Gemeinsam erleben wir die Schweiz von ihrer schönsten Seite: Die Region Genfer See begeistert mit Höhepunkten wie dem weltberühmten Montblanc Gstaad und Interlaken Zermatt mit dem sagenumwobenen Viertausender Matterhorn Evian den Greyerzer Ländern und nicht zuletzt natürlich dem palmengesäumten Genfer See selbst.*
e *Schenken Sie doch mal ein Schreibset mit Füllfederhalter und Kugelschreiber im hochwertigen Lederetui.*
f *Das windgeschützte nebelfreie und weitläufige Ortsgebiet sowie das großräumige Skigebiet der Loferer Alm bieten ideale Voraussetzungen für einen erholsamen Winterurlaub. Das Angebot an Freizeiteinrichtungen und Veranstaltungen umfasst: eine Gondelbahn eine Doppelsesselbahn und 10 Schlepplifte – insgesamt 30 km im Tal und 6 km Höhenloipe auf der Loferer Alm (1500 m) – 45 km geräumte Wanderwege Rodelbahnen Wildfütterung Ski- und Langlaufschule – Langlaufabzeichen geführte Skiwanderungen abseits gespurter Loipen Pferdeschlitten – gemütliche Restaurants und Diskotheken Eisstockbahn und Eislaufplatz Ausflugsfahrten – Heimatabende Bauerntheater Lichtbildervorträge malerisches Ortszentrum.*
g *Standardfrage nach der nächsten Kfz-Werkstatt alternativ Frage nach Hotel bzw. Campingplatz in der Nähe*
h *Er wird wie folgt beschrieben: zwischen 18 und 20 Jahre alt etwa 1,75 Meter groß schlank hellblonde Haare weiche Gesichtszüge. Er war bekleidet mit einem verwaschenen blauen Hemd olivgrünem Strickpullover einer dunkelbraunen glatten Lederweste einer verwaschenen hellblauen Röhrenjeans und hohen weißen Turnschuhen. Sachdienliche Hinweise nimmt die Kriminalpolizei entgegen.*
i *Zu sehen sind alle Spielarten des Amateurfilms wie Dokumentarfilme Familienfilme Experimentelles und Urlaubsfilme.*
j *Vorgestellt werden Produkte und Dienstleistungsangebote, die sich auszeichnen nach den Kriterien Rohstoffschonung Wiederverwertbarkeit Energieeinsparung Naturbelassenheit und der allgemeinen gesundheitlichen Verträglichkeit.*

(Satz (1) und (7) aus: ADAC Motorwelt, Heft 8, August 2006, S. 30)

4.2 Das Prinzip der Hervorhebung

4.2.1 Apposition

Jens,
bitte bestelle Opernkarten
zum nächsten Mittwoch
für David, meinen Bruder,
und mich.
Gruß Sarah

84 **Wie viele Karten muss Jens bestellen?**[1]

STICHWORT: APPOSITION

Die Apposition, ein erklärender Zusatz zum Substantiv[1],

- bezieht sich auf ein Substantiv,
- ist ihrem Substantiv-Bezugswort nachgestellt,
- steht im selben Fall wie ihr Bezugswort,
- ist mit ihrem Bezugswort austauschbar,
- enthält keine Verben.

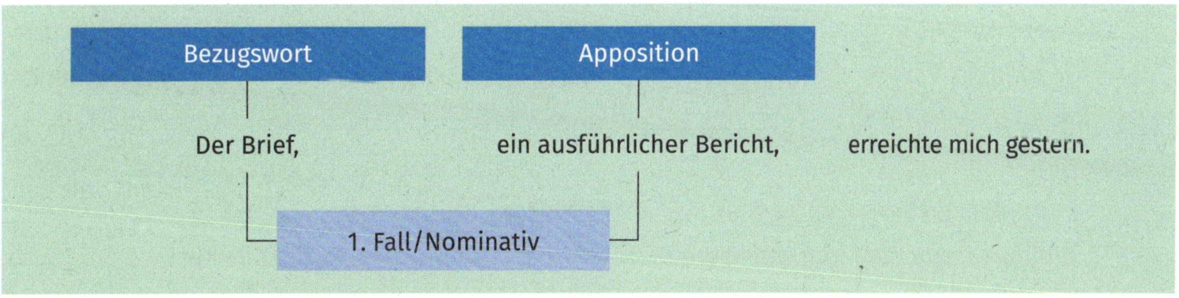

Die Apposition wird durch Kommas vom übrigen Satz getrennt.

[1] Substantive können nicht nur durch die Apposition, sondern auch durch den Relativsatz näher bestimmt werden.
Der Brief, der ein ausführlicher Bericht ist, erreichte mich gestern.
RELATIVSATZ

“ ” **85 Setzen Sie die Apposition in Kommas. Unterstreichen Sie das erklärte Substantiv.**

a *In unserem Unternehmen einem traditionsreichen Familienbetrieb sind mehr als 90 Mitarbeiter beschäftigt.*
b *Ägypten verdankt seine Fruchtbarkeit den Wassermassen des Nils des größten afrikanischen Stroms.*
c *Der Februar der zweite Monat des Jahres hat in Schaltjahren 29 Tage.*
d *Das Bild zeigt Stevenson den Erbauer der ersten Lokomotive und Booth seinen engen Mitarbeiter.*
e *Die Menschen erkannten schon sehr früh, dass sich die eher selten vorkommenden edlen Metalle das Gold und das Silber gut als Tauschmittel eignen.*
f *Die Frau eine vornehme elegante Dame öffnete die Tür.*
g *Mit getrennter Post erhalten Sie eine Warenprobe ein Muster aus unserer Kollektion.*
h *Er verkaufte das Grundstück ein großes Waldgebiet zu einem niedrigen Preis.*
i *Am Montag dem siebenten Tag der Hauptverhandlung gegen den 61-jährigen Angeklagten schloss der Vorsitzende die Beweisaufnahme.*

“ ” **86 Schreiben Sie aus der Reisebeschreibung alle Bezugswörter mit ihren Appositionen heraus, bestimmen Sie jeweils den Kasus/Fall und setzen Sie die Kommas.**

3. Tag: Am Vormittag geführte Stadtbesichtigung in Nîmes mit der Arena dem Maison Carrée u. v. a. Nachmittags fahren wir zum Pont du Gard einer großartigen den Gardon überbrückenden römischen Wasserleitung einer der größten Sehenswürdigkeiten der Provence. Zurück über Uzès nach Nîmes.
4. Tag: Ganztägige Besichtigungsfahrt durch die Camargue die berühmte französische Landschaft mit ihren Wildpferden Stieren und seltenen Vögeln. Wir fahren über St. Gilles nach Les Stes Maries-de-la-Mer dem Zigeunerwallfahrtsort und weiter in eine von Mauern umgebene Stadt, die im 13. Jahrhundert Ausgangsort der Kreuzzüge war, Aigues-Mortes. Von hier aus geht es vorbei an den Salines du Midi in das alte Hafenstädtchen Le Grau du Roi und weiter in den modernen Ferienort La Grande-Motte. Rückfahrt nach Nîmes.
5. Tag: Heute besuchen wir auf dem Weg nach Avignon der nach Paris meistbesuchten Stadt Frankreichs die Burgen von Beaucaire und Tarascon. In Avignon erleben wir dann u. a. die Altstadt die Kathedrale und den Papstpalast sowie auf dem Rückweg die berühmte Brücke von Avignon.
6. Tag: Besichtigungsfahrt nach Arles der ehemaligen Hauptstadt der Römer. Über Les Baux de Provence ein in den Alpilles gelegenes verlassenes Dorf mit einem von Ruinen gekrönten Felsen fahren wir nach St. Remy, wo wir nochmals römische Ruinen bewundern können.

Der Papstpalast im französischen Avignon

87 Verwandeln Sie den zweiten Satz in eine Apposition zum ersten.

a *Wir wollen Köln besuchen. Köln ist eine alte Domstadt.*

____

b *Herrn Berger wird Prokura*[1] *erteilt. Er ist ein langjähriger Mitarbeiter.*

____

c *Von unserem Unternehmen haben Sie schon gehört. Es ist ein traditionsreiches Geschäft.*

____

d *Inge hat einen Buchpreis erhalten. Sie ist eine tüchtige Schülerin.*

____

e *Braunschweig ist eine Reise wert. Braunschweig ist die Stadt Heinrich des Löwen.*

____

88 Fügen Sie die Endungen ein und setzen Sie die Kommas.

a *Wir verbrachten in Hintertupfingen ein_______ klein_______ Ort in der Nähe des Bodensees schöne Urlaubstage.*

b *Wir treffen uns am Freitag d_______ 05.05. im Vereinsheim.*

c *Durch die Bora ein_______ dem Föhn ähnlichen Fallwind werden in Triest häufig schwere Verwüstungen angerichtet.*

d *Unser Geschäft bezieht die Seidenstoffe aus Krefeld d_______ deutsch_______ Lyon.*

e *Durch seinen ersten Film ein_______ raffiniert_______ Kriminalkomödie war der Regisseur schnell bekannt geworden.*

f *In Frankfurt d_______ bekannten Handelsstadt befindet sich ein großes Messegelände.*

g *Während unseres Urlaubs bestiegen wir den Süllberg d_______ höchst_______ Berg Hamburgs.*

---

1) Prokura bezeichnet eine Vollmacht (eines Unternehmens o. Ä.).

89 Lesen Sie den Text vollständig durch. Erläutern Sie die Probleme, die sich durch die Zeichensetzung ergeben.

Plauderei mit einem Beistrich[1]

„Als ich ihn unlängst im Blätterwald traf, hockte er quietschvergnügt hinter Johanna Matz.

„Warum grinst du so?", fragte ich.

„Das tu' ich immer, wenn mir etwas gelungen ist."

„Was ist dir denn gelungen?"

„Walter Reyer ist durch mich zu einer Tochter gekommen."

„Der hat doch ohnehin schon einige Töchter."

„Die neue ist aber eine besondere. Wenn du dich hier umschaust, wirst du sie sofort erkennen."

Ich schaute mich also um und las:

„Nach dem Konzert eilten Lilli Palmer und Ehemann Carlos Thompson, Walther Reyer mit seiner ältesten Tochter, Johanna Matz, und US-Multimillionär Matthew Mellon zu Curd Jürgens."

Da gab es also drei Beistriche und der dritte war mein kleiner Freund. Ohne ihn hätte die entscheidende Stelle so ausgesehen:

„... Walther Reyer mit seiner ältesten Tochter, Johanna Matz und US-Millionär Matthew Mellon ..."

Auf diese Weise hätte der Name der Schauspielerin nicht als Apposition zu dem Wort Tochter aufgefasst werden können. Johanna Matz und die Tochter wären vom Leser als zwei Personen erkannt worden. Mit Appositionen treibt der kleine Schalk – ich nenne ihn immer einfach „Stricherl!" – auch sonst gern seine Scherze, und das oft zusammen mit einem seiner Artgenossen. Hier ein Beispiel:

„Dass die Fahrt durch den Gänserndorfer Safaripark nicht ungefährlich ist, musste am Sonntag der Pannenfahrer des ÖAMTC, Rudolf R., zur Kenntnis nehmen."

Ja, und aufmerksame Leser nahmen zur Kenntnis, dass der ÖAMTC damals nur einen einzigen Pannenfahrer hatte. Schuld waren die Beistriche: einer vor und einer nach dem Namen des Fahrers.

„Kommt es vor", fragte ich neulich, „dass sich ein Stricherl wie du über irgendetwas ärgert?"

„Na und ob!", war die Antwort. „Vor allem über die Leute, die mich für unbedeutend halten. Ich setze mich oft, um meine Wichtigkeit zu beweisen, statt dorthin, wohin ich gehöre, an Stellen, wo ich nichts zu suchen habe. Hier zum Beispiel – lies doch!"

Da stand nun: „Der Deutsche Bundestag beschloss, einstimmig ein Gesetz anzunehmen, das die Aufforderung zu Gewalt unter Strafe stellt."

„Schöner Unsinn, den du da verzapfst!", sagte ich.

„Ja, aber die meisten Leute merken das gar nicht", brummte er. Dann guckte ihm wieder der Schalk aus den Augen und er zeigte mir einen Satz aus einem Bericht über einen Überfall: „Zwei Räuber, der 31-jährige Hans M. und der 22-jährige Heinz S. stahlen einem Urlauber die Brieftasche und die Schuhe."

„Weißt du", fragte Stricherl, „wie viele Männer diesen Überfall verübt haben?"

„Vier natürlich: Hans, Heinz und die beiden Räuber."

„Stimmt nicht. Es waren nur zwei: die beiden Räuber eben."

„Und was ist mit Hans und Heinz?"

„Das sind ihre Namen."

„Dann ist aber der Beistrich hinter den Räubern allein zu wenig. Auch hinter Heinz S. hätte sich einer von euch setzen müssen."

„Richtig. Wir wollten aber zeigen, wie leicht ein Beistrich aus zwei Männern vier oder aus vieren zwei machen kann. Unlängst hätte übrigens auch Sophia Loren dringendst vorn und hinten einen von uns gebraucht.

Wir haben uns aber gestattet, einfach wegzubleiben. Hier, bitte!"

---

[1] Beistrich: österreichisch für Komma

Ich las also:

„Carlo Pontis Frau Sophia Loren wurde freigesprochen."

„Die das gelesen haben", sagte ich, „wissen also jetzt, dass Sophia Loren nicht die einzige Frau ihres Ehegatten ist."

„Sie könnten es wissen", spöttelte Stricherl. „Aber die Beistrichsprache – wer versteht die schon!"

Da hatte mein kleiner Freund leider recht. Es gibt zu viele Beistrichmuffel."

Hirschbold, Karl: Pirschgänge im Sprachrevier, Düsseldorf: Erb 1985, S. 40ff.

4.2.2 Datums-, Zeit- und Ortsangaben

STICHWORT: DATUMSANGABE

Datum, Orts-, Wochentags- und Uhrzeitangabe ohne Präposition werden durch Komma getrennt.
Geht der Satz nach der Zeitangabe weiter, ist das Komma nach dem letzten Bestandteil freigestellt.

Für die Datumsangabe gibt es zwei Schreibweisen:

- **als Apposition (s. auch S. 89)**
  Die Besprechung findet am Montag, dem 12. Dezember[,] statt.
- **als Aufzählung (s. auch S. 85)**
  Die Besprechung findet am Montag, den 12. Dezember[,] statt.
- **auch in Verbindung mit Zeit- und Ortsangaben ohne Präposition**
  Die Veranstaltung findet am Montag, dem 12. Dezember, 20 Uhr[,] im Deutschen Haus statt.
  Die Veranstaltung findet am Montag, den 12. Dezember, 20 Uhr[,] im Deutschen Haus statt.

90 Erklären Sie, warum beide Schreibweisen zulässig sind.

a *Die Besprechung findet Montag, dem 12. Dezember[,] statt.*
b *Die Besprechung findet Montag, den 12. Dezember[,] statt.*

____

____

91 Begründen Sie die Zeichensetzung in den vier Ankündigungen.

MGV Juliusstadt singt
WOLFENBÜTTEL. Die aktiven Sänger des MGV Juliusstadt treffen sich zum Singabend am morgigen Donnerstag um 19:30 Uhr in der Gaststätte Tamborini.

Rathaus geschlossen
SCHÖPPENSTEDT. Am Montag, dem 31. August, bleibt das Rathaus Schöppenstedt aus betrieblichen Gründen geschlossen.

Tennisverein lädt ein.
HEININGEN. Der Heininger Tennisverein lädt alle Mitglieder zu einer gemütlichen Feier am Freitag ab 20 Uhr in die ehemalige Schule ein.

Ortsratssitzung
Der Ortsrat Groß Stöckheim tritt am Montag, 31. August, zu einer Sitzung in der Gaststätte „Sängerklause" zusammen.

92 Setzen Sie die Kommas.

In der Aula des Ratsgymnasiums liest am Mittwoch 9. März 20 Uhr der Lyriker und Erzähler Günter Kunert aus seinem Gedichtband „Berlin beizeiten" und aus einem noch unveröffentlichten Sammelband von Geschichten.

93 Formulieren Sie eine Einladung zu einer Feier. Geben Sie Datum, Zeit und Ort an.

____

____

____

____

____

4.2.3 Nachgestellte Erläuterungen

STICHWORT: NACHGESTELLTE ERLÄUTERUNGEN

Nachgestellte Erläuterungen können eingeleitet werden durch:
das heißt (d. h.), zum Beispiel (z. B.), namentlich, nämlich, besonders, und zwar.

Wenn Teile eines Satzes besonders betont werden sollen, setzt man sie von der Satzmitte an das Satzende.

			NACHGESTELLTER SATZTEIL
Sie hörten bis in die Nacht	laute Musik.		
Sie hörten	laute Musik,	und das	bis in die Nacht.
Spätestens am Wochenende	schreibe ich dir.		
	Ich schreibe dir,	und zwar	spätestens am Wochenende.

Das Komma trennt nachgestellte Erläuterungen vom übrigen Satz.

94 Betonen Sie die unterstrichenen Wörter, indem Sie sie zu nachgestellten Erläuterungen umformen.

a *Das Tennis-Spielfeld hat die Form eines Rechtecks von 23,77 m Länge und 8,23 m Breite.*

___

___

b *Es wird in der Mitte durch ein Netz geteilt.*

___

___

c *Das Netz wird in der Mitte durch einen Netzhalter niedergehalten.*

___

___

d *An den Kreuzungspunkten müssen die Saiten des Tennisschlägers abwechselnd verflochten oder verbunden sein.*

___

___

e *Die Spieler stellen sich auf den gegenüberliegenden Seiten des Netzes auf.*

___

___

4.2.4 Anreden/Ausrufe

STICHWORT: ANREDEN/AUSRUFE

Anreden, Gruß- und Höflichkeitsformeln sowie Ausrufe stehen oft außerhalb des eigentlichen Satzes.

AUSRUF	SATZ
Oh,	das Baby ist aber süß!
Danke,	das ist sehr nett.

SATZ	EINSCHUB	SATZ
Morgen,	liebe Sabine,	rufe ich dich wieder an.

Interjektionen/Ausrufe oder die Anrede werden durch Komma(s) vom übrigen Satz getrennt. Ausnahme: Bitte. Es wird meist nicht vom Satz getrennt: *Bitte helfen Sie mir.* Nur wenn es hervorgehoben werden soll, wird ein Komma gesetzt: *Bitte, helfen Sie mir!*

95 Bilden Sie Sätze mit Interjektionen/Anreden und setzen Sie die Kommas.

96 Unterstreichen Sie in der Bildergeschichte „Freie Mitarbeiter“ die Interjektionen, die durch Komma abgetrennt wurden.

Claire Bretécher, „Freie Mitarbeiter“

4.3 Das Prinzip der Satzverbindung

4.3.1 Hauptsatz-Verbindungen

STICHWORT: MERKMALE VON HAUPTSÄTZEN

Für vollständige und unvollständige Hauptsätze gelten unterschiedliche Kommaregeln. Ein vollständiger Hauptsatz enthält Subjekt und Prädikat. Bei unvollständigen Hauptsätzen fehlt das Subjekt.

HAUPTSATZ				HAUPTSATZ		
SUBJEKT	PRÄDIKAT			SUBJEKT	PRÄDIKAT	
1. Vitamin C	vertreibt	die Müdigkeit,		Vitamin C	schützt	vor Krankheit.
2. Vitamin C	vertreibt	die Müdigkeit[,]	und	Vitamin C	schützt	vor Krankheit.
3. Vitamin C	vertreibt	die Müdigkeit,			schützt	vor Krankheit.

1. **Zwischen vollständigen Hauptsätzen steht ein Komma.**
2. **Zwischen vollständigen Hauptsätzen kann ein Komma stehen, um die Gliederung des Ganzsatzes zu verdeutlichen.**
3. **Vor unvollständigen Hauptsätzen steht ein Komma, wenn sie nicht durch „und“ oder „oder“ an den vorangehenden Satz angeschlossen werden.**

97 Markieren Sie Subjekt und Prädikat.

a *Die Bundesrepublik Deutschland ist ein demokratischer und sozialer Bundesstaat.*

b *Alle Staatsgewalt geht vom Volke aus.*

c *Sie wird vom Volke in Wahlen und Abstimmungen und durch besondere Organe der Gesetzgebung, der vollziehenden Gewalt und der Rechtsprechung ausgeübt.*

d *Die Gesetzgebung ist an die verfassungsmäßige Ordnung, die vollziehende Gewalt und die Rechtsprechung sind an Gesetz und Recht gebunden.*

e *Gegen jeden, der diese Ordnung beseitigen will, haben alle Deutschen das Recht zum Widerstand, wenn andere Abhilfe nicht möglich ist.*

(Grundgesetz, Artikel 20)

“ ” **98 Setzen Sie die Kommas und unterstreichen Sie die unvollständigen Hauptsätze.**

a *Wir müssen jetzt aufbrechen oder wir erreichen die Bahn nicht.*

b *Du darfst nicht mit dem Kopf durch die Wand wollen diesen Rat gebe ich dir.*

c *Der Sturm schüttelte die Bäume und schon klatschten die ersten schweren Regentropfen auf die Blätter.*

d *Ich habe das Buch gelesen es gefällt mir nicht.*

e *Der Mann öffnete die Tür und trat ein.*

f *Die Frau öffnete das Fenster und sie sah hinaus.*

g *Mancher sieht nur den Splitter in seines Bruders Auge und nicht den Balken in seinem eigenen.*

h *Unser Mittelstürmer war durchgebrochen der gegnerische Torwart zögerte mit dem Herauslaufen und schon landete der Ball im Netz.*

i *Der Parlamentarische Rat zog 1949 die Konsequenzen aus den Erfahrungen der Vergangenheit und engte die politischen Rechte des Staatsoberhauptes stärker ein.*

j *Wie formulieren Sie Ihre Bewerbung und welche Anlagen gehören dazu?*

k *Zurzeit besuche ich die Rackow-Schule in Hamburg und werde dort zum Bürokaufmann ausgebildet.*

l *Nennen Sie Ihren Namen und tragen Sie Ihre Wünsche vor.*

m *Denke immer daran du wirst aufgrund des äußeren Erscheinungsbildes beurteilt.*

n *Formulare sind schrecklich sie müssen aber wohl sein.*

o *Die Zeitschrift wird an Jugendliche verteilt kann aber auch kostenlos abonniert werden.*

“ ” **99 Setzen Sie die Kommas und notieren Sie die Satzbaupläne.**

Beispiel:

Sie füllen einen Coupon aus,	*unterschreiben ihn*	*und senden ihn an unsere Adresse.*
Hauptsatz	***unvollständiger HS***	***unvollständiger Hauptsatz***

a *Ich war die ganze Zeit über zu Hause ich wartete auf dich und ich wurde immer unruhiger.*

b *Mein Freund Peter besuchte mich gestern meine Freundin Petra kommt heute zu mir morgen treffe ich mich mit Susanne.*

c *Ich freue mich sehr auf die Hochzeitsfeier meiner Freundin und werde ihr etwas Schönes schenken.*

d *Gehst du auch zur Betriebsversammlung und kennst du die Tagesordnung schon?*

e *Wir saßen vom ersten Schultag an zusammen und lernten für die Prüfung und wir bestanden sie am 30. Juni.*

f *Es dauert nur eine halbe Stunde und wir können beginnen.*

g *Max fliegt nach Mallorca und Karl nach Kreta.*

h *Schreibe den Brief sofort und bringe ihn zur Post.*

i *Schreiben Sie den Brief sofort und bringen Sie ihn zur Post.*

j *Jeder Lehrer ermutigt seine Schüler er lobt sie und ermahnt sie und er appelliert an ihre Einsicht.*

k *Bei diesem Programm bestimmen Lehrer und Schüler die Verhaltensziele leiten die Veränderungsprozesse ein und kontrollieren ihren Erfolg.*

l *In den meisten Geschichten kommen Menschen vor sie sind alt oder jung sie sehen dümmlich aus oder klug ihre Augen sind braun oder blau.*

m *An jedem Kiosk kann man Romanheftchen kaufen sie kosten nicht viel deshalb nennt man sie auch „Groschenromane".*

n *Stelle dir vor das wäre ein Foto aus einer Filmszene.*

100 Bilden Sie Hauptsatzverbindungen nach folgenden Satzbauplänen:

a *HS , HS*

b *HS [,] und HS*

c *HS , denn HS*

d *HS , aber HS*

4.3.2 Hauptsatz-Nebensatz-Verbindungen

■ Vollständige Nebensätze

STICHWORT: MERKMALE VON NEBENSÄTZEN

Man unterscheidet für die Zeichensetzung: Hauptsätze und Nebensätze.

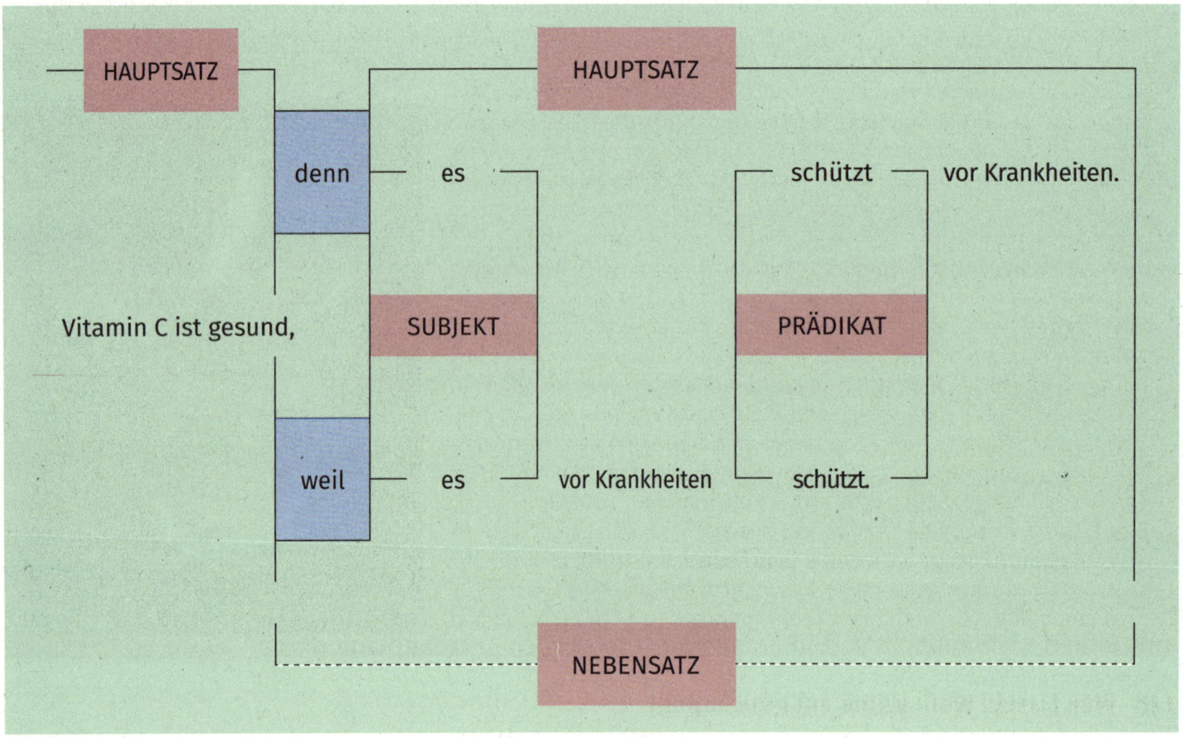

1. Vollständige Nebensätze werden eingeleitet durch
   - unterordnende Konjunktionen (Bindewörter), z. B. *weil, da, wenn, als, solange, dass,*
   - Relativpronomen, z. B. *der, die, das, welcher, welche, welches,*
   - Fragepronomen, z. B. *wer, was.*
2. **Vollständige Nebensätze** haben das konjugierte Verb am Satzende. Das konjugierte Verb ist das Prädikat oder ein Teil des Prädikats. Es verändert sich, wenn sich das Subjekt verändert.

   Beispiel:

Nachdem	ich	dir einen Brief	geschrieben	habe, ...
Nachdem	wir	dir einen Brief	geschrieben	haben, ...
	Subjekt			*konjugiertes Verb*

3. **Nebensätze** stehen immer in Begleitung eines Hauptsatzes.

Vor Nebensätzen steht ein Komma, wenn sie nicht durch „und“, „oder“ oder andere Konjunktionen an den vorangehenden Satz angeschlossen sind.

101 Markieren Sie die Merkmale jedes Nebensatzes (Konjunktion und gebeugtes Verb) und unterstreichen Sie die Hauptsätze.

Präambel

„Da die Anerkennung der allen Mitgliedern der menschlichen Familie innewohnenden Würde und ihrer gleichen und unveräußerlichen Rechte die Grundlage der Freiheit, der Gerechtigkeit und des Friedens in der Welt bildet, da Verkennung und Missachtung der Menschenrechte zu Akten der Barbarei führten, die das Gewissen der Menschheit tief verletzt haben, und da die Schaffung einer Welt, in der den Menschen, frei von Furcht und Not, Rede- und Glaubensfreiheit zuteil wird, als das höchste Bestreben der Menschheit verkündet worden ist, da es wesentlich ist, die Menschenrechte durch die Herrschaft des Rechts zu schützen, damit der Mensch nicht zum Aufstand gegen Tyrannei und Unterdrückung als letztem Mittel gezwungen wird, da es wesentlich ist, die Entwicklung freundschaftlicher Beziehungen zwischen den Nationen zu fördern, da die Völker der Vereinten Nationen in der Satzung ihren Glauben an die grundlegenden Menschenrechte, an die Würde und den Wert der menschlichen Person und an die Gleichberechtigung von Mann und Frau erneut bekräftigt und beschlossen haben, den sozialen Fortschritt und bessere Lebensbedingungen bei größerer Freiheit zu fördern, da die Mitgliedstaaten sich verpflichtet haben, in Zusammenarbeit mit den Vereinten Nationen die allgemeine Achtung und Verwirklichung der Menschenrechte und Grundfreiheiten durchzusetzen, da eine gemeinsame Auffassung über diese Rechte und Freiheiten von größter Wichtigkeit für die volle Erfüllung dieser Verpflichtung ist, verkündet die Generalversammlung die vorliegende Allgemeine Erklärung der Menschenrechte als das von allen Völkern und Nationen zu erreichende gemeinsame Ideal, damit jeder Einzelne und alle Organe der Gesellschaft sich diese Erklärung stets gegenwärtig halten und sich bemühen, durch Unterricht und Erziehung die Achtung dieser Rechte und Freiheiten zu fördern und durch fortschreitende Maßnahmen im nationalen und internationalen Bereiche ihre allgemeine und tatsächliche Anerkennung und Verwirklichung bei der Bevölkerung sowohl der Mitgliedstaaten wie der ihrer Oberhoheit unterstehenden Gebiete zu gewährleisten."

(Allgemeine Erklärung der Menschenrechte, verkündet von der Generalversammlung der Vereinten Nationen am 10. Dezember 1948)

102 Setzen Sie in den dass-Sätzen die Kommas.

a *Ich sehe Ihnen an dass sie sich freuen und dass sie glücklich sind.*

b *Er lachte so dass jeder es sehen konnte ohne dass er dabei einen Laut von sich gab.*

c *Ich wünsche mir dass Sie sich an den Kosten beteiligen oder dass Sie sie ganz übernehmen.*

d *Der Lieferant teilte uns mit dass die Ware heute abgeschickt wird so dass wir sie morgen erhalten werden.*

e *Fritz schreibt dass diese Messer nicht mehr hergestellt werden.*

f *Ich danke Ihnen dass Sie so prompt geantwortet haben und dass Sie Ihr Versprechen halten wollen.*

g *Es war damit zu rechnen dass die Mannschaft verlieren würde und dass sie damit aus dem Wettbewerb ausscheiden müsste.*

h *Ich vermute dass Sie meine Ansichten kennen dass Sie ähnlich denken und dass damit eine solide Grundlage für die weitere Zusammenarbeit besteht.*

i *Wunsch der Veranstalter ist es dass die Niedersächsischen Amateur-Filmfestspiele auch zu einem Tag der Begegnung und der Gespräche untereinander werden.*

103 Setzen Sie die Relativsätze in Kommas.

a *Das ist das Pferd auf das wir setzen wollen.*

b *Sie trug ein Kleid das ihr ausgezeichnet stand und das sehr bequem zu sein schien.*

c *Endlich kommt das Paket auf das wir schon so lange warten.*

d *Er suchte die Verkäuferin die ihm die Ware verkauft hatte.*

e *Ich lese dir den Brief vor der auf dem Tisch liegt.*

f *Sie wählte die Zeitung in der die Darstellung am ausführlichsten gegeben wurde.*

g *Ich spreche von Arbeiten die keiner gern verrichtet und die trotzdem erledigt werden müssen.*

h *Schreiben Sie einen Brief in dem Sie die telefonische Bestellung bestätigen.*

i *Ich danke Ihnen für Ihre Bestellung die ich in den nächsten Tagen ausführen werde.*

104 Unterstreichen Sie in dem folgenden Text Subjekt und Prädikat. Bestimmen Sie außerdem Haupt- und Nebensätze.

Zu viel Licht stört Diskusfische

OVERATH Wer Diskusfische im Aquarium hält, sollte auf gedimmtes Licht achten. Zu viel Helligkeit vertragen die Tiere nicht. Am besten besetzt man das Becken mit Schwimmpflanzen wie Froschbiss oder Muschelblume. Dadurch entstehen Bereiche im Becken, die mal hell und dann wieder beschattet sind. In einer solchen Umgebung fühlen sich die Fische am wohlsten, erläutert die Fördergemeinschaft Leben mit Heimtieren. Übertreiben sollte man es mit der Bepflanzung allerdings nicht. Die Tiere brauchen noch genügend Freifläche zum Schwimmen. Diskusfische ernähren sich hauptsächlich von tierischer Kost, am besten als Frost- und Trockenfutter. Sie sollten mehrmals täglich kleine Portionen erhalten.

wgr / © dpa

Gemüsesoßen aufpeppen

BONN Wer Baked Beans als Dosenfutter abtut, sollte es mal mit „Chakalaka" versuchen. In der südafrikanischen Küche ist das der Name für eine feurige Gemüsesoße, bei der die Bohnen eine wichtige Zutat sind. Die Soße gibt es in Südafrika oft zum Maisbrei „Pap", passt aber auch zu allen Fleischgerichten. Basiszutaten sind Öl, Zwiebeln, Chilischoten, Cayennepfeffer und Curry. Möglichst klein gehackt, kommen dann Paprikaschoten, Karotten, Tomaten und eben eine Dose Baked Beans in der Pfanne dazu, rät das Bundeszentrum für Ernährung. Alles für einige Minuten köcheln lassen. Im Kühlschrank aufbewahrt, hält sich die Soße für einige Tage.

Chilli für den Geschmack.

wgr / © dpa

Cornelia Funke und ein Buch, das niemand las

Hamburg (dpa) - Ausgerechnet «Das Buch, das niemand las» hat Bestsellerautorin Cornelia Funke (59) ihr neues Werk genannt - und feiert damit eine kleine Premiere. Es sei das erste Bilderbuch, das sie selbst illustriert habe, teilte der Dressler Verlag in Hamburg mit. Außerdem ist es das erste Werk, das die in ihrer US-Wahlheimat Los Angeles lebende Schriftstellerin zuerst auf Englisch geschrieben hat. «The Book No One Ever Read» erschien im vergangenen Jahr, «Das Buch, das niemand las» kommt am Montag (22. Januar) heraus. Funkes Held ist diesmal das kleine Bilderbuch Morry, das in einem Bibliotheksregal umgeben von alter, ehrwürdiger Literatur steht, und nicht beachtet wird. ... Seit den magischen Büchern in ihrem vor 20 Jahren erschienenen Fantasy-Roman «Igraine Ohnefurcht» habe sie eine Geschichte über lebende Bücher schreiben wollen, erklärte Funke ....

wgr / © dpa

105 Unterstreichen Sie den Hauptsatz, umkreisen Sie im Nebensatz das einleitende Wort sowie das dazugehörende flektierte Verb. Setzen Sie die Kommas.

Beispiele:

Er ist so töricht, [dass] er alles [glaubt,] [was] man ihm [erzählt.]

a *Der Preis der Ware stieg weil das Angebot klein war und weil die Nachfrage nicht nachlassen wollte.*

b *Die Menge drängte in das Kaufhaus als die Türen geöffnet wurden.*

c *Das Haus weist etliche Schäden auf die noch in diesem Jahr beseitigt werden müssen.*

d *Schreibe mir bitte wann du in Urlaub gehst und wo dich meine Post erreichen kann.*

e *Dem Architekten kommt es nicht nur darauf an dass ein Stein hart oder weich ist er muss auch wissen ob er säurefest ist.*

f *Die Regierung hat einen Ausschuss eingesetzt der alle Fragen zu prüfen hat und nach dessen Gutachten die Entscheidung gefällt werden kann.*

g *Auskunft erteilt die Landesversicherungsanstalt die hier zuständig ist.*

h *Bevor wir unser neues Produkt zum Verkauf auf den Markt bringen möchten wir gern Ihr Urteil darüber hören.*

i *Wir hoffen dass Sie von unserem neuen Gerät begeistert sein werden und Ihr Urteil positiv ausfallen wird.*

j *Zuerst muss festgelegt werden was Sie mit Ihrem Briefpartner vereinbaren wollen.*

k *Die Verkaufsleitung hat Herrn Müller an Herrn Meier verwiesen der schon seit Jahren als Verkäufer im Geschäft tätig ist.*

l *Schreiben Sie mit heutigem Datum an Frau Spengler und teilen Sie ihr mit dass eine Reparatur möglich ist.*

(Verkürzte) unvollständige Nebensätze

Satzartige Wortgruppen, die im Satzgefüge einen Nebensatz vertreten, nennt man verkürzte Nebensätze. Hierzu gehören die Infinitivgruppen (Grundformsätze) und die Partizipialsätze (Mittelwortsätze).

STICHWORT: INFINITIVGRUPPEN

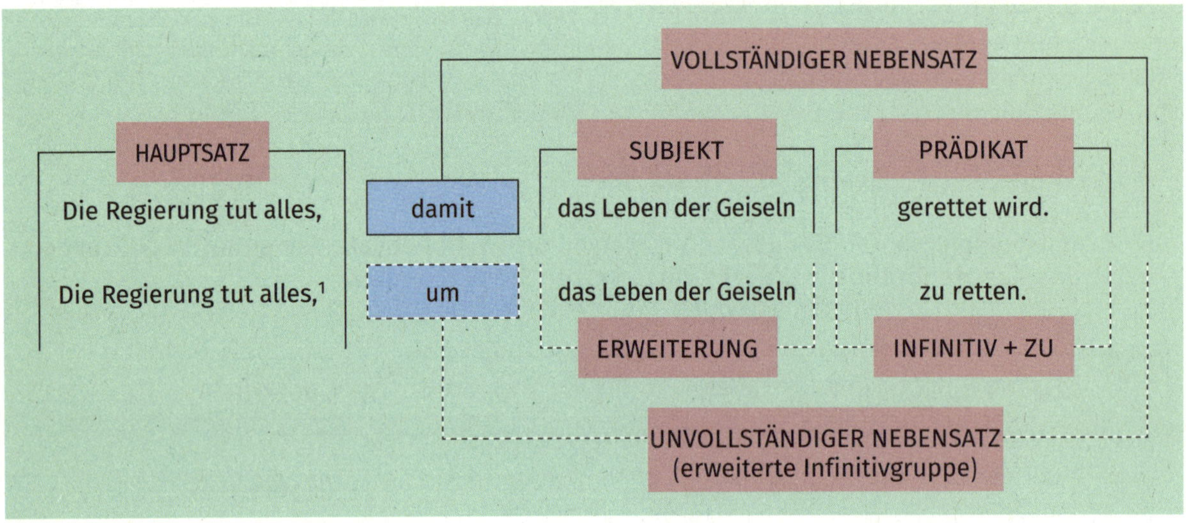

Merkmale für den Infinitivsatz:
- Das Subjekt fehlt.
- Das Verb ist nicht flektiert, sondern steht in der Grundform (Infinitiv) mit „zu".

Kommaregeln

Infinitivgruppen werden durch Komma(s) vom Hauptsatz abgetrennt, wenn die Infinitivgruppe

1. mit *um zu, als zu, ohne zu* oder *(an)statt zu* eingeleitet wird,
   Wir trafen uns, **um zu** plaudern.
   Er arbeitete, **ohne zu** ermüden, an seinem Werkstück.
   Anstatt zu lachen, fing sie an zu weinen.
2. von einem Substantiv abhängt,
   Er machte den **Vorschlag**, morgen ins Blaue zu fahren.
   Ich habe die **Anweisung**, niemanden durchzulassen.
3. von einem Korrelat oder Verweiswort abhängt.
   Er dachte nicht **daran**, seine Pläne aufzugeben.
   Sie genießt es sehr, abends ein entspannendes Bad zu nehmen.
   Vergebenen Chancen nachzutrauern, **das** ist nicht meine Art.

   Bei einfachen Infinitiven kann das Komma, auch bei den oben genannten Fallgruppen 2 und 3, weggelassen werden, sofern keine Missverständnisse entstehen.
   Ich versuchte[,] zu schlafen.
   Mein Plan[,] abzureisen[,] hat sich erledigt.
   Ich denke nicht daran[,] aufzugeben.

   Aber: Ich rate ihm, zu folgen. oder Ich rate, ihm zu folgen.

Kein Komma steht bei den als Hilfsverben gebrauchten Wörtern:
sein – haben – pflegen – scheinen – vermögen.
Er pflegt seine Post selbst **abzuholen.**
Er hat stets **zu gehorchen.**
Die Brücke drohte augenblicklich **einzustürzen.**
Er scheint den Sachverhalt nicht zu **kennen.**
Sie ist nicht zu **bestechen.**

106 Unterstreichen Sie die Erweiterungen in den folgenden Infinitivsätzen.

a *Wir bitten Sie[,] die Haustür zu schließen.*

b *Sie verließ das Schuhgeschäft, ohne etwas gekauft zu haben.*

c *Er setzte sich, um auszuruhen.*

d *Es ist nicht so einfach[,] sich Infinitivsätze auszudenken.*

107 Unterstreichen Sie die Erweiterungen. Setzen Sie die Kommas und geben Sie die Regel an.

	– *Regel* –
a *Ich bitte dich heute Abend zu fahren.*	______
b *Ich bitte dich zu fahren.*	______
c *Du hast keinen Grund dich zu beschweren.*	______
d *Ich hoffte im Stillen sie zu treffen.*	______
e *Warum hattest du keinen Mut zu fragen?*	______
f *Wir versuchten das Feuer zu löschen.*	______
g *Wir versuchten zu löschen.*	______
h *Er hatte Gelegenheit sich zu verbessern.*	______
i *Er bestreitet das Geld gestohlen zu haben.*	______
j *Er bestreitet gestohlen zu haben.*	______
k *Sie beherrschte die Kunst zu reden.*	______
l *Es ist schwer lange die Augen offenzuhalten ohne zu blinzeln.*	______
m *Es ist netter mit Ihnen zu sprechen als Sie nur anzusehen.*	______
n *Der Verhandlungspartner stimmte zu ohne zu zögern.*	______
o *Ich rate dir anzurufen oder hinzugehen.*	______
p *Ich rate dir anzurufen.*	______
q *Ich rate dir die Firma anzurufen.*	______

r *Bei der Anmeldung ist eine Anzahlung in Höhe von 50,00 EUR je Person zu entrichten.* ____________________

s *Sie haben viele Möglichkeiten eigene Aktivitäten zu entfalten.* ____________________

t *Damit wurde es möglich den Busverkehr in dieser Region aufrechtzuerhalten.* ____________________

u *Wir haben nichts zu verlieren.* ____________________

v *Eine Delegation ist nach Genf abgereist um dort an einer Konferenz teilzunehmen.* ____________________

STICHWORT: DAS ERWEITERTE PARTIZIP

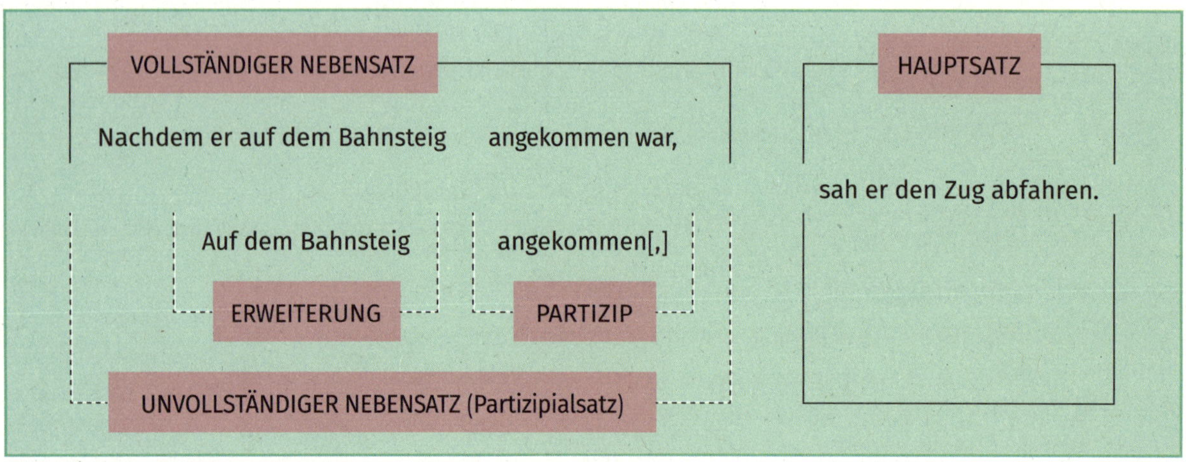

Merkmale für den Partizipialsatz:

- Beim erweiterten Partizip fehlen die einleitende Konjunktion bzw. das Pronomen und das Subjekt.[1]
- Das Verb erscheint als Partizip.

Das Partizip gibt es in zwei Formen:

- Partizip Präsens: **Wie auf Wolken schwebend, kamen sie aus der Prüfung.**
- Partizip Perfekt: **Von einer langen Reise zurückgekehrt, besuchte er seine Freunde.**

1. Das erweiterte Partizip kann durch Komma vom übergeordneten Satz getrennt werden:
   Wieder zurückgekehrt[,] macht er sich sofort an die Arbeit.
   Aus dem Urlaub wieder zurückgekehrt[,] macht er sich sofort an die Arbeit.
2. Wenn die Partizipformen „seiend“ und „habend“ hinzugedacht werden können, können Wortgruppen durch Komma getrennt werden.
   Stolz auf die Leistung der Mannschaft (seiend)[,] gab die Vereinsleitung ein Essen.

1) Das Partizip muss sich deutlich auf das Subjekt des übergeordneten Satzes beziehen.

3. Kurze einleitende Partizipien können durch Komma getrennt werden, wenn der übergeordnete Satz im Konjunktiv steht:

   Vorausgesetzt[,] er habe wirklich so handeln wollen.
   Angenommen[,] er hätte den Weg nicht gefunden.

   Aber:

   Lächelnd verbeugte er sich./Gut gelaunt schaute er zu.

108 Unterstreichen Sie das Partizip und setzen Sie die Kommas.

a *Aus dem Bundeskanzleramt kommend wurde er in das Ministerium für wirtschaftliche Zusammenarbeit und Entwicklung versetzt.*

b *Von einem heftigen Schlag betäubt sank der Boxer zu Boden.*

c *Besorgt um seine Gesundheit band er sich sofort einen Schal um.*

d *Davon ausgehend er handele rechtens verhängte er drakonische Strafen.*

e *Kurz entschlossen griff er in das Geschehen ein.*

f *Erpicht auf die vermeintlich leichte Beute stürzte das Raubtier in die Falle.*

g *Von allen seinen Freunden verlassen ging er traurig nach Hause.*

h *Die Augen mit einer Sonnenbrille geschützt beobachtete sie ihn verstohlen.*

i *Kaum angefangen hatte sie ihr Ziel bereits erreicht.*

j *Froh über seine Heimkehr verziehen die Eltern dem Sohn die Tat.*

k *Darauf beharrend er müsse den Zeitplan einhalten beschwerte sich der Handwerker bei seinem Lieferanten.*

l *Kurz aufblickend hatte er sie sofort erkannt.*

4.3.3 Das Komma bei Schachtelsätzen

HAUPTSATZ
Ich ging, am Nachmittag ins Kino.

HAUPTSATZ
denn ich hatte nichts Besseres zu tun,

HAUPTSATZ
verließ er das Hotel,

NEBENSATZ
Nachdem er die Schuhe, vom Flur geholt hatte,

NEBENSATZ
ohne zu frühstücken.

NEBENSATZ
die, nicht geputzt worden waren,

NEBENSATZ
wohl weil Samstag war.

Wird ein Satz in einen anderen eingefügt, so steht am Anfang und am Ende der Einfügung ein Komma.

109 Erklären Sie die Zeichensetzung in den beiden Beispielsätzen.

110 Setzen Sie die Kommas und unterstreichen Sie den eingefügten Satz.

a *Das Schiff das im Hafen vor Anker liegt kann nicht auslaufen.*
b *Alles was ich besitze habe ich dir gegeben.*
c *Die Ware die durch Scheck bezahlt wurde kann abgeholt werden.*
d *Ich gebe dir das Geld das du mir geliehen hast bald zurück.*
e *Er ist als er sie gesehen hat sofort umgekehrt.*
f *Das Geschenk das du mir gegeben hast gefällt mir sehr.*
g *Der Akrobat der am Trapez turnt erntet tosenden Beifall.*
h *Diejenigen die in den Chor aufgenommen werden wollen müssen wirklich ausgezeichnet singen können.*
i *Die Krone die der Monarch trägt haben bereits seine Vorfahren getragen.*

j *Das Dokument dessen Beweiskraft außer Zweifel steht ist von einem Notar beglaubigt worden.*

k *Gegen 12 Uhr als ich gerade beim Essen war klingelte das Telefon.*

l *Hunde die bellen beißen nicht.*

m *Er bedauert sehr dass er das Gebäude in dem er viele Jahre gewohnt hat räumen muss.*

n *Er der jetzt noch so fröhlich ist ahnt nicht was ihm noch alles bevorsteht wenn er nach Hause kommt.*

111 Beschreiben Sie den Satzbau von Text (1) und Text (2).

a Einfacher Satzbau: Bestimmen Sie die Satzteile.

„Ein junger Mann geht durch eine Grünanlage. In einer Hand trägt er ein Eis. Er lutscht. Das Eis schmilzt. Das Eis rutscht an dem Stiel hin und her. Der junge Mann lutscht heftig, er bleibt vor einer Bank stehen. Auf der Bank sitzt ein Herr und liest eine Zeitung. Der junge Mann bleibt vor dem Herrn stehen und lutscht. Der Herr sieht von seiner Zeitung auf. Das Eis fällt in den Sand."

Novak, Helga M.: Eis (Kurzgeschichte). In: Palisaden, Erzählungen, Darmstadt: Luchterhand 1980

b Gegliederter Satzbau: Unterstreichen Sie die Hauptsätze und nennen Sie die Kommaregeln.

„Jetzt gingen wir also auf und ab, und ich zeigte, einem plötzlichen, völlig unvorhergesehenen Einfall folgend, dem Italiener, um ihn von dem Toten, der ihm so gut wie unbekannt war, meinem Vater, zu dessen Begräbnis ihn seine Familie zu uns geschickt hatte, abzubringen, den Haufen Theaterkostüme und Instrumente, Mäntel, Jacken, Hosen, Trompeten, Schlagzeug und Flöten also, im Schuppen an der Hauswand."

Bernhard, Thomas: Der Italiener. In: Erzählungen 1, Frankfurt/M.: Suhrkamp 2004

“ ” **112 Setzen Sie die Kommas.**

a *Klöße die etwas zu weich geworden sind sodass die Gefahr besteht dass sie im Kochwasser zerfallen wälzt man vor dem Einlegen in Mehl oder in Semmelbröseln.*

b *Beschwerden auch das ist oftmals eine unliebsame Erfahrung des Verbrauchers sind langwierig und haben selten den gewünschten Erfolg.*

c *§ 9 Ansprüche gegen Dritte*

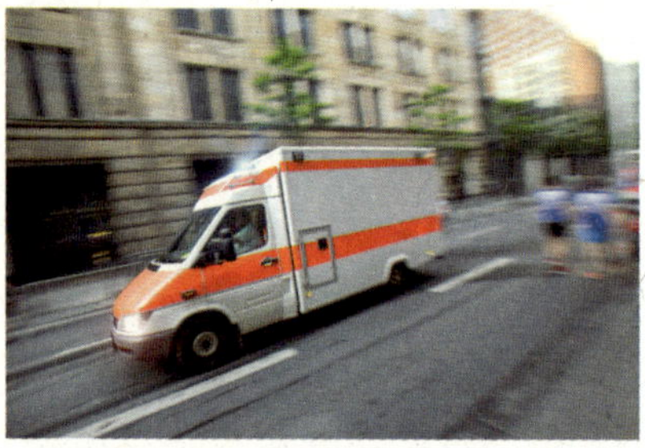

Hat der Versicherungsnehmer oder eine versicherte Person Schadenersatzansprüche nichtversicherungsrechtlicher Art gegen Dritte, so besteht, unbeschadet des gesetzlichen Forderungsüberganges gemäß § 86 VVG, die Verpflichtung, diese Ansprüche bis zur Höhe, in der aus dem Versicherungsvertrag Kostenersatz geleistet wird, an den Versicherer schriftlich abzutreten. Gibt der Versicherungsnehmer oder eine versicherte Person einen solchen Anspruch oder ein zur Sicherung des Anspruches dienendes Recht ohne Zustimmung des Versicherers auf, so wird dieser insoweit von der Verpflichtung zur Leistung frei, als er aus dem Anspruch oder dem Recht hätte Ersatz erlangen können.

Quelle: https://www.malteser.de/fileadmin/Files_sites/malteser_de_Relaunch/Spenden_und_Helfen/Foerdermitgliedschaft/RHD-Flyer_ab_2017_web.pdf

d ***§ 2294 BGB***
Der Erblasser kann von einer vertragsmäßigen Verfügung zurücktreten wenn sich der Bedachte einer Verfehlung schuldig macht die den Erblasser zur Entziehung des Pflichtteils berechtigt oder falls der Bedachte nicht zu den Pflichtteilsberechtigten gehört zu der Entziehung berechtigen würde wenn der Bedachte ein Abkömmling des Erblassers wäre.

4.4 Übungssätze und -texte

Fügen Sie auf den folgenden Seiten, Aufgaben 113 bis 120, die Kommas ein und bestimmen Sie die Kommaregeln.

“ ” **113 Übungssätze**

a *Das Paket wird morgen Freitag oder erst Anfang nächster Woche bei Ihnen ankommen.*

b *Sie wollte mit dem Chef aber nicht mit seiner Sekretärin verbunden werden.*

c *Sie erlernt nicht den Beruf der Bürokauffrau sondern wird Sekretärin.*

d *Die Ware muss spätestens am Mittwoch dem 30. Januar dieses Monats im Bestimmungshafen ankommen.*

e *Auf Sprachkenntnisse wird großer Wert gelegt besonders im Außenhandel.*

f *Die Ausstellung findet am kommenden Wochenende den 1. und 2. September in unseren Geschäftsräumen statt.*

g *Er war sehr bemüht aber auch sehr leistungsschwach.*

h *Ich erwarte von Ihnen Pünktlichkeit und zwar täglich.*

i Der erste Bewerber ein junger Abiturient hatte seinen Lebenslauf vergessen.

j Wir wünschen Ihnen Freude Erfolg und Zufriedenheit in Ihrem Beruf.

k Vitaminmangel drückt sich nicht nur aus in Müdigkeit und Schwäche sondern auch in Leistungsabfall.

l Vitamine liefern keine Energie sind aber lebenswichtige Wirkstoffe.

m Ihre Arbeitsagentur d. h. die Abteilung Berufsberatung ist die Anlaufstelle für Sie.

n Ist ein steigender gleich bleibender oder abnehmender Bedarf an Mitarbeitern in der Zukunft absehbar?

o Er bewarb sich bei Meyer & Co. seinem Wunschbetrieb und auch noch bei anderen interessanten Ausbildungsfirmen.

p Rufen Sie gleich an aber nicht in der Mittagspause.

q Die Haut also Unterhaut Lederhaut und auch die Oberhaut benötigen genauso wie die inneren Organe eine ausgewogene Ernährung.

r Hochwertiges Eiweiß enthalten sowohl Milchprodukte als auch magere Fisch- und Fleischkonserven.

s Vitaminmangel kann zu Entzündungen und Rötungen der Haut starker Verhornung der Haut Verlust der Hautelastizität sowie verminderter Heilfähigkeit führen.

t AIDA ist nicht nur eine Oper von Verdi sondern auch eine Formel für den Aufbau einer Werbeanzeige.

114 Die Bedürfnisse der Menschen

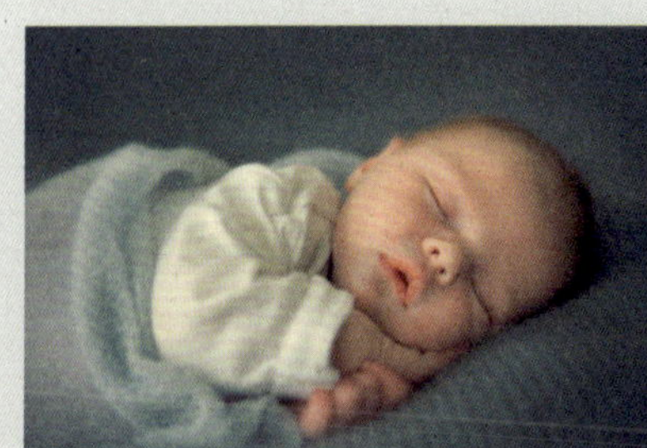

Schon der alte römische Fresssack Lukullus lebte nach der Devise „Consumare necesse est" was so viel heißt wie „Wer nicht konsumiert geht vor die Hunde". Und es ist nun einmal so: Schon von dem Augenblick an wo der Mensch auf die Welt kommt hat er ein Bedürfnis nämlich zu schreien. (Gelacht hat bezeichnenderweise dabei noch kein Baby.)

Sein nächstes Bedürfnis ist schon sich zu versorgen. Es verlangt nach Nahrung. Und es will Pampers. Dann will es wieder neue Nahrung zu sich nehmen. Volkswirtschaftlich ausgedrückt: Schon der Säugling stellt Ansprüche und verlangt dass diese befriedigt werden. Sein Bedürfnis und das Bedürfnis anderer dem Bedürfnis des bedürftigen Schreihalses durch Waren und gute Dienste abzuhelfen das ist es was letzten Endes dem Verbraucher Leib und Seele zusammen und die Wirtschaft in Gang hält.

Die Bedürfnisse der Menschen werden wie wir gehört haben befriedigt durch Güter und Dienstleistungen.

Güter die schnell verbraucht werden heißen Verbrauchsgüter. Güter die man über längere Zeiträume benutzen kann oder die der Produktion dienen heißen Gebrauchsgüter. Wenn sich also ein arabischer Scheich ein Kilo Schnupftabak kauft erwirbt er ein Verbrauchsgut. Kauft er sich dagegen eine Frau stellt er sich ein Gebrauchsgut in den Harem. Aber das ist alles nicht so einfach.

(Schmitz, Karlchen (Hrsg.): Unsere Soziale Marktwirtschaft, Industrie- und Handelskammer, 1. Aufl., Koblenz, 1980

115 „Grundregeln für korrektes Verhalten im Betrieb"

a Jeder macht was er will keiner macht was er soll und alle machen mit.

b Wir sind zwar zu allem fähig aber zu nichts zu gebrauchen.

c Wir wissen zwar nicht was wir wollen aber das mit ganzer Kraft.

d *Wo wir auftreten klappt nichts mehr aber wir können nicht überall sein.*

e *Wer schon die Übersicht verloren hat muss wenigstens den Mut zur Entscheidung haben.*

f *Wissen ist Macht nichts wissen macht nichts.*

g *Wir kennen zwar nicht die Aufgaben bringen aber das Doppelte.*

h *Gefährlich ist wenn die Dummen fleißig werden.*

i *Was heute nicht richtig ist kann morgen schon falsch sein.*

j *Damit immer mehr immer weniger tun können müssen immer weniger immer mehr tun.*

k *Bei mir kann jeder werden was er will ob er es will oder nicht.*

l *Jeder wird so lange befördert bis er mit Sicherheit unwirksam ist.*

m *Wo wir sind ist vorn und wenn wir hinten sind so ist hinten vorn.*

n *An der Spitze stehen ist immer noch zu weit hinten.*

o *Gestern standen wir noch am Abgrund aber heute sind wir einen bedeutenden Schritt weiter.*

„“ 116 Ein Kaufvertrag?

Der Gebrauchtwagenhändler Max Rost 21115 Hamburg Troststraße 5 setzt am Sonnabend folgendes Inserat in eine Hamburger Zeitung:

RENAULT
Twingo, Modell 03, 130.000 km, TÜV 12/19, div. Extras, Preis: 1.450 €, Tel.: 0176 ...

Petra Schmidt eine 18-jährige Auszubildende liest diese Annonce und will sich das Auto einmal ansehen. Da sie in Meckelfeld wohnt und die umständliche morgendliche Bahnfahrt nicht länger ertragen will denkt sie schon seit Längerem daran ein Auto zu kaufen.

Am Montag sucht sie also Herrn Rost auf. Der Wagen gefällt ihr aber mit der Meinung des Händlers dass das Auto 2.200,00 EUR wert sei stimmt sie nicht überein. Sie bietet nur 2.000,00 EUR. Nach einer längeren Verhandlung macht Rost das Angebot von 2.100,00 EUR. Nach Kurzem Zögern sagt Petra: „Ja ich bin mit diesem Kaufpreis einverstanden. Ich nehme Ihr Angebot an.“

Per Handschlag wird der Kauf besiegelt. Die beiden einigen sich darauf dass Rost Petra den Wagen abends übergibt und dass Petra das Geld innerhalb der Woche von Meckelfeld auf das Konto von Rost überweist.

Kaum hat Petra den Laden verlassen taucht der Student Peter Beutlin auf der sich auch für das Auto interessiert. Er ist ohne Weiteres bereit 2.200,00 EUR zu zahlen. Da er das Geld bei sich hat schließt Rost mit ihm einen schriftlichen Kaufvertrag und übergibt ihm das Fahrzeug.

Als Petra am Abend zurückkehrt und das Auto abholen will erklärt Rost dass der Wagen inzwischen zu einem besseren Preis verkauft sei sie müsse das verstehen im Übrigen sei ja gar nichts zwischen ihnen schriftlich ausgemacht.

“ ”

117 Erfolgskonten und ihr Abschluss

Durch das Buchen der verschiedenen Aufwendungen und Erträge unmittelbar auf dem Kapitalkonto wird dieses Konto unübersichtlich. Auch ist nicht erkennbar wie sich der Erfolg des Unternehmens im Einzelnen ergibt. Es ist aber Aufgabe der Buchführung alle Arten der Aufwendungen und Erträge einzeln aufzuzeigen um dem Kaufmann die Erfolgskontrolle zu erleichtern.

Deshalb werden die Aufwendungen und Erträge zunächst auf besonderen Erfolgskonten den Aufwands- und Ertragskonten erfasst. Diese Konten sind Unterkonten des Kapitalkontos und verrechnen daher die Aufwendungen im Soll und die Erträge im Haben. Der Unternehmenserfolg wird durch die Gegenüberstellung aller Aufwendungen und Erträge ermittelt. Dazu schließt man die Erfolgskonten ab überträgt ihre Salden aber nicht auf das Kapitalkonto sondern auf ein Erfolgssammelkonto das Gewinn- und Verlustkonto. Die Aufwendungen Minderung des Kapitals kommen ins Soll die Erträge Mehrung des Kapitals kommen ins Haben.

Der Saldo des Gewinn- und Verlustkontos zeigt den Unternehmenserfolg nämlich den Reingewinn oder Reinverlust an. Er wird auf das Kapitalkonto übertragen der Kapitalsaldo auf das Schlussbilanzkonto.

Ist die Summe der Erträge größer als die der Aufwendungen dann ergibt sich ein Gewinn. Der Reingewinn erscheint im Gewinn- und Verlustkonto als Saldo auf der Sollseite. Da er das Kapital mehrt muss die Abschlussbuchung lauten: Gewinn und Verlust an Kapital. Ist die Summe der Aufwendungen größer als die der Erträge dann ergibt sich ein Verlust. Der Reinverlust erscheint im Gewinn- und Verlustkonto auf der Habenseite. Da er das Kapital mindert muss die Abschlussbuchung lauten: Kapital an Gewinn und Verlust.

“ ”

118 Max Frisch: Mein Name sei Gantenbein

„Die dabei gewesen sind die letzten die ihn noch gesprochen haben Bekannte durch Zufall sagen dass er an dem Abend nicht anders war als sonst munter nicht übermütig. Man speiste reizvoll aber nicht üppig; geredet wurde viel Palaver mit Niveau wobei er wenigstens zu Anfang scheint es nicht stiller war als die anderen. Jemand will sich gewundert haben über seinen müden Blick wenn er zuhörte; dann wieder beteiligte er sich um vorhanden zu sein witzig also nicht anders als man ihn kannte. Später ging die ganze Gruppe noch in eine Bar wo man vorerst in Mänteln stand später sich zu andern setzte die ihn nicht kannten; vielleicht wurde er deswegen still. Er bestellte nur noch Kaffee. Als er später aus der Toilette zurückkam sagen sie war er bleich aber eigentlich bemerkte man es erst als er ohne sich nochmals zu setzen um Entschuldigung bat er möchte nach Haus fühle sich plötzlich nicht besonders. Er machte es kurz ohne Handschlag leichthin um ihr Gespräch nicht zu unterbrechen. Jemand sagte noch: So warte doch wir werden hier auch nicht alt! Er war aber sagen sie nicht zu halten und als die Garderobiere endlich seinen Mantel brachte zog er diesen nicht an sondern nahm ihn nur auf den Arm als habe er Eile. Alle sagen er habe nicht viel getrunken und sie waren nicht sicher ob er sich wirklich unwohl fühlte ob das nicht ein Vorwand war; er lächelte. Vielleicht hatte er noch eine andere Verabredung. Die Damen foppten ihn schmeichelhaft; er schien auf die Verdächtigung einzugehen aber ohne noch ein Wort zu sagen. Man musste ihn gehen lassen. Es war noch nicht einmal Mitternacht. Als man dann seine vergessene Pfeife auf dem Tisch bemerkte war es zu spät um ihm nachzulaufen [...] Der Tod muss eingetreten sein kurz nachdem er sich in seinen Wagen gesetzt hatte; das Standlicht war eingeschaltet ebenso der Motor der Winker blinkte und blinkte als wollte er jeden Augenblick in die Straße ausfahren. Er saß aufrecht Kopf nach hinten beide Hände am aufgerissenen Kragen als ein Polizist kam um nachzusehen warum der Wagen mit dem laufenden Motor nicht ausfuhr. Es muss ein kurzer Tod gewesen sein und die nicht dabei gewesen sind sagen ein leichter Tod – ich kann es mir nicht vorstellen – ein Tod wie gewünscht [...]“.

Frisch, Max: Mein Name sei Gantenbein, Frankfurt: Suhrkamp 1964

119 Siegfried Lenz: Die Deutschstunde

„Sie haben mir eine Strafarbeit gegeben. Joswig selbst hat mich in mein festes Zimmer gebracht hat die Gitter vor dem Fenster beklopft den Strohsack massiert hat sodann unser Lieblingswärter meinen metallenen Schrank durchforscht und mein altes Versteck hinter dem Spiegel.

Schweigend und gekränkt hat er weiterhin den Tisch inspiziert und den mit Kerben bedeckten Hocker hat dem Ausguß sein Interesse gewidmet hat sogar mit forderndem Knöchel dem Fensterbrett ein paar pochende Fragen gestellt den Ofen auf Neutralität untersucht und danach ist er zu mir gekommen um mich gemächlich abzutasten von der Schulter bis zum Knie um sich beweisen zu lassen daß ich nichts Schädliches in meinen Taschen trug. Dann hat er vorwurfsvoll das Heft auf meinen Tisch gelegt das Aufsatzheft – auf dem grauen Etikett steht: Deutsche Aufsätze von Siggi Jepsen – ist grußlos zur Tür gegangen enttäuscht gekränkt in seiner Güte; denn unter den Strafen die man uns gelegentlich zuerkennt leidet Joswig unser Lieblingswärter empfindlicher auch länger und folgenreicher als wir. Nicht durch Worte aber durch die Art wie er abschloß hat er mir seinen Kummer zu verstehen gegeben: Lustlos mit stochernder Ratlosigkeit fuhr sein Schlüssel ins Schloß er zauderte vor der ersten Drehung verharrte wiederum ließ das Schloß noch einmal aufschnappen und beantwortete sogleich diese Unentschiedenheit sich selbst verweisend mit zwei schroffen Umdrehungen. Niemand anders als Karl Joswig ein zierlicher scheuer Mann hat mich zur Strafarbeit eingeschlossen."

Lenz, Siegfried: Die Deutschstunde, Hamburg: Hoffmann und Campe 1968

120 Sie stehen nicht allein mit Ihrem „Komma-Kummer". – Aber da Sie die Regeln jetzt kennen, sollten Sie diese Briefe der Leser an die Zeitschrift „texten + schreiben" mit Leichtigkeit beantworten können.

a *Immer dieser Komma-Kummer: Die Mehrzahl der Kollegen liest* ***texten + schreiben****. Trotzdem gibt es oft Schwierigkeiten mit der Zeichensetzung. Steht ein Komma an den gekennzeichneten Stellen? Die Meinung ist geteilt.*

1. *„Lieferanteneingang hinten", sagte sie [,] und fiel ihm um den Hals.*
2. *Das Gedicht beginnt und endet mit der Antithese von Erwartung und „dem, was kommt"[,] und hebt auf diese Weise die Spannung zwischen ...*

b *Komma vor „und"? Ich habe häufig ähnliche Texte wie den folgenden zu schreiben. Was ich gern wüsste: Hat das Komma vor „und" seine Berechtigung?*

„Möge es Ihnen noch recht viele Jahre vergönnt sein, alle Tage in Ihrem Sinne nutzen und gestalten zu können[,] und mögen Gesundheit und persönliches Wohlergehen weiterhin Ihre treuen Begleiter bleiben."

c *Komma vor „bis"? Muss an den fraglichen Stellen ein Komma stehen?*

„Klemmen Sie die beiden Ausschnitte des Fadenführers in die beiden Schrauben des hinteren Strickschlosses[,] bis die beiden Löcher des Fadenführers auf die Stifte des Strickschlosses passen. Drücken Sie den Fadenführer etwas nach unten[,] bis er richtig in die Führung des vorderen Strickschlosses einrastet."

d *Komma hinter „bitten"? Können Sie mir bitte sagen, ob in dem nachfolgenden Schlusssatz hinter „bitten" ein Komma steht? Es gab hier Meinungsverschiedenheiten.*

„Wir bitten[,] diese kurze Zeit noch um Geduld."

e *Komma in verschränkten Sätzen: Schreibt man nach „bitten Sie" ein Komma? Hierzu zwei Beispiele, die in unserer Firma geschrieben worden sind:*

1. *Zum Zeichen Ihres Einverständnisses bitten wir Sie[,] uns die unterschriebene Vertragskopie zurückzusenden.*
2. *Ebenso bitten wir Sie[,] uns den beiliegenden Bewerbungsbogen ausgefüllt zurückzuschicken.*

f *Verschränkte Sätze – zum Abgewöhnen: In unserer Firma hat sich bezüglich des folgenden Satzes eine Meinungsverschiedenheit ergeben. Ist es richtig, dass hier kein Komma steht? Wenn nein, bitte um kurze Begründung.*

„Weitere Informationen bitten wir Sie den bereits an die oben genannten Herren Ihres Hauses übergebenen Unterlagen zu entnehmen."

g *Komma als Kulissenschieber: In einem Prüfungstext der Industrie- und Handelskammer kommt der folgende Satz vor. Meine Frage: Kann man „von den sonnigen Hängen der Mosel" in Kommas setzen?*

„Besonders gute Tropfen von den sonnigen Hängen der Mosel haben wir aus unseren reichen Beständen für Sie ausgesucht und in Auswahlsendungen zusammengestellt."

Bildquellenverzeichnis

Baaske Cartoons, Müllheim: 84 1.

Bibliographisches Institut GmbH (Duden), Berlin: © 2006 (Duden) 48, 50, 50, 51, 52, 53, 54, 55, 55.

bpk-Bildagentur, Berlin: Abisag Tüllmann 25 1; Ebert, Georg 113; Timpe, Felicitas 114.

Kaltner Verlagsmedien GmbH, Bobingen: 24 1, 85 1, 85 2.

Löffler, Reinhold, Dinkelsbühl: 15 1.

Picture-Alliance GmbH, Frankfurt/M.: Deck, Uli/dpa 12; imageBROKER 75 .1, 75 .2, 90; Kasper, Jan-Peter 29 .2; Malzahn, Olaf/dpa 84; Monkey Puzzle/Atlantic Records/AP Photo 20; Skolimowska, Monika/dpa-Zentralbild 22; Terjung, Julia/©Netflix/Everett Collection 83; Weimar, Thilo 89.

Schmidt, Roger - www.Karikatur-Cartoon.de, Brunsbüttel: 96 1.

Schwietring, Adja: 44 1.

Shutterstock.com, New York: Arhelger, Tobias 110; Art Konovalov 112; baranq 63; Bildagentur Zoonar 29 .1, 29 .3; DenisProduction.com 62; ESB Professional 9, 10; Gagliardilmages 81; Heim, Ramona 111; Hofacker, Brent 102; kuzmaphoto 61; MIA Studio 33; Nikodash 14; Petruno, Aleksandr 70 .2; Sashkin 108; VGstockstudio 70 .1; yui 101.

stock.adobe.com, Dublin: Sturm, Jenny 11.

Ullstein Buchverlage GmbH, Berlin: 83.

Wir arbeiten sehr sorgfältig daran, für alle verwendeten Abbildungen die Rechteinhaberinnen und Rechteinhaber zu ermitteln. Sollte uns dies im Einzelfall nicht vollständig gelungen sein, werden berechtigte Ansprüche selbstverständlich im Rahmen der üblichen Vereinbarungen abgegolten.